乐悠生活
LEYOU LIFE

沿街尝，回家做
街边小吃炮制全攻略

美味

国明 著

北京联合出版公司
Beijing United Publishing Co.,Ltd.

图书在版编目（CIP）数据

沿街尝，回家做：街边小吃炮制全攻略／国明著．—北京：北京联合出版公司，2014.8

（乐悠生活）

ISBN 978-7-5502-3500-7

Ⅰ．①沿… Ⅱ．①国… Ⅲ．①风味小吃－食谱－中国 Ⅳ．①TS972.142

中国版本图书馆CIP数据核字（2014）第190608号

沿街尝，回家做：街边小吃炮制全攻略

选题策划：北京日知图书有限公司　　责任编辑：徐秀琴　牛炜征

特约编辑：冷寒风　　美术编辑：吴金周

封面设计：夏　鹏　　版式设计：孙阳阳　桃　子

北京联合出版公司出版

（北京市西城区德外大街83号楼9层 100088）

北京尚唐印刷包装有限公司　新华书店经销

710毫米×1000毫米　1/16　12印张

2014年9月第1版　2014年9月第1次印刷

ISBN 978-7-5502-3500-7

定价：35.00元

Food

自序

从小，我们就会用幅员辽阔、地大物博这样的字眼来形容我们的国家，但从来也没对此用心探究过。现如今岁月匆匆，见过的人多了，走过的地方多了，吃过的东西也多了，竟然会因食物而对世界心生憧憬。

中国确实是地大物博，单就全国各个地方的特色小吃都千差万别、各具滋味。这些仅作为席间点缀或是早点夜宵的风味小吃，非常精准地反映了当地的历史、风俗和气候特点，可见中华美食文化的博大精深。

中国一直就有“南米北面”的说法，即南方人爱吃米，北方人爱吃面。口味上更是有“南甜北咸东酸西辣”之说。武汉有热干面，山西有莜面栲栳栳，成都有担担面，胶东有鲅鱼饺子，南京有鸭血粉丝汤……也许这些地方你没去过，但这些吃食你一定耳熟能详。仅仅是通过食物，开始对一个城市有了一点点的印象，进而对那个地方有了更多的关注，甚至会渐渐行走其中。人类单纯为了满足口腹之欲的过程，竟然能让一个地方的文化得以迅速和广泛的传播，不得不说，这就是美食神奇的影响力。

国明

目录 CONTENTS

自从相见，一生相恋

每个人心中都有一种最爱的味道，无论是哪种，都能触动你的心弦，如果说在亿万人心中有一个共同的美食爱好的话，那就是“小吃”吧，因为它代表了家的味道，让你痴心不改！

走在巷子口，那股牛肉面的清香随处弥漫，“老板，大碗、毛细”，就这样看着拉面师傅手中，一个面团就被拉成了大宽、二细、一窝丝等不同粗细的面条，而“清汤、萝卜白、香菜蒜苗、辣子”则是始终如一的标准。可谓应了那句话“东西南北味不同，源自一缕五谷香”。叫一声“师傅，来碗面”，上来的是一碗暖心和舒坦！

吃，很多时候，不是味蕾的需求，而是嗅觉触动下的吸引，就像有条馋虫爬出，不由自主地胃口大开。“山珍海味”不是谁都吃过，但是那北方人餐桌上的“馍”、南方人口中的“饼”，就再熟悉不过。原味的、夹馅的、甜味的，蒸的、炸的、煎的，一个面团百八样做法，却都能远远飘出那诱人的香味，主食、零嘴儿，它跻身在美食界的各个领域，身材娇小，却这般经久不衰，达官显贵、平头百姓，对于它都有共同的味蕾评判标准——香。

“有吃豆腐脑的没有。”一声吆喝，阵阵香味，这时候就喜欢趴在窗口往外望，盼着妈妈早点儿回来，也祈祷着卖豆腐脑的爷爷先别

走……相信很多人都有着这样的回忆，只是可能叫卖的是“酸辣粉、小馄饨、臭豆腐……”现在肩挑担子的卖家越来越少了，都变成了街头巷尾的摊子，摆上三两张桌子，就卖那一两样拿手菜，而这对过往的人们来说就是暖胃歇脚的好去处。

古装剧中大家最熟悉的除了那一桌子满汉全席，就是那一碟碟、一盘盘的宫廷小吃了，可谓是主子一声令下，这些小吃食儿就像那吉祥话儿，一样样的放在主子跟前。虽然宫廷故事远去，然而那种“美味儿”却沿着时间的轨道，飘啊飘啊，依然是百姓味蕾的宠儿，念念不忘。“唤一句宫廷小吃，答一句您嘞吉祥”这古香古味就这样流传着、喜欢着，也让人吃着、乐着……

很多时候，在外的游子们，想家想的更多的是妈妈和妈妈的柴火灶，想念那只属于家乡的独特味道，这般眷恋，哪怕是头发花白，依旧不能改变那腔乡音，不能忘掉那口乡味。“胃暖了，就不那么想家”，因为这吃到肚子里的更多的是一种情怀，没有什么比爱更温暖的了！

日子渐过渐远，很多曾经喜欢的东西，也会被时间冲淡，然而小吃在中华传统美食中的地位却丝毫没有改变，与其说味蕾是念旧的，倒不如是记忆、爱、思念让美食传承。

自从相见，一生相恋！就是你！小吃。

PART 1

东西南北味不同，源自一缕五谷香

师傅，来碗面

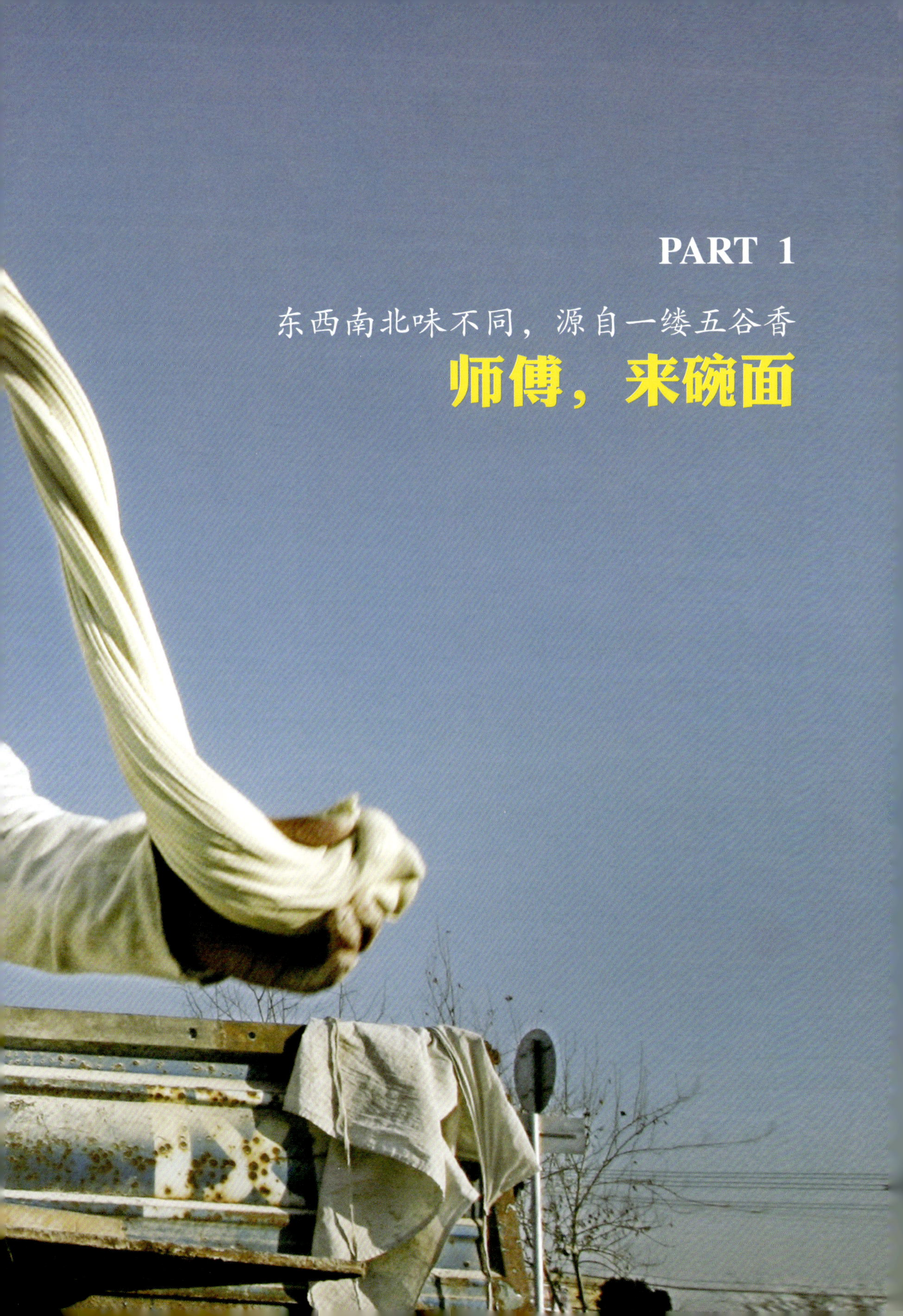

Delicious Food

四川担担面

做法

1 将芽菜洗净泡去咸味，切成末；平底锅加热，倒入30毫升植物油，温热时放入葱姜蒜末炒出香味，放入猪肉馅，煸炒至肉馅变色，加入5毫升生抽和5毫升料酒，拌炒均匀放入芽菜末炒干即可。

2 制作红油：将辣椒粉和白芝麻放入小碗中，锅加热后倒入50毫升植物油，热锅凉油放入大料、花椒、香叶、桂皮，小火慢慢加热至出香味，将香料捞出，热油倒入盛放辣椒粉和白芝麻的小碗，立即搅拌均匀即成红油。

材料 Ingredients

[主料]

龙须面	200克

[配料]

芽菜	60克
豌豆苗	100克
猪肉馅	100克
干黄豆	50克

[调料]

植物油	30毫升
葱姜蒜末	各5克
生抽	20毫升
料酒	5毫升
芝麻酱	20克
花生酱	5克
醋	5毫升
花椒油	1毫升
盐	2克

[红油]

辣椒粉	20克
白芝麻	2克
植物油	50毫升
大料	1个
花椒	5粒
香叶	3片
桂皮	1小块

3 将干黄豆放入温热的油中炸至酥脆，捞出沥油备用。

4 小碗中放入芝麻酱和花生酱用少许水化开，加入剩余的生抽、醋、花椒油、红油及盐混合调成稠酱汁。

5 锅中加入适量水，煮沸后将龙须面放入煮1～2分钟至八成熟即可捞起，然后把豌豆苗焯一下捞出。

6 在碗中放入2勺调好的酱汁，然后捞入面条，撒上芽菜肉末、干黄豆和豌豆苗，再浇上面汤即可。

温馨小提示

- 肉馅如果换成肉丁更好吃（将肥瘦相间的后腿肉切成1厘米的小肉丁炒制）。
- 芽菜是一种腌菜，跟涪陵榨菜、南充冬菜、内江大头菜一起并称为“四川四大腌菜”，用之前要用水浸泡清洗，否则很咸。
- 红油用买来的代替更省事。
- 担担面是四川民间极为普遍且颇具特殊风味的一种著名小吃。因常由小贩挑担叫卖，由此得名。此面色泽红亮，芽菜、麻酱浓香，麻辣酸味突出，鲜而不腻，辣而不燥。

Delicious Food

鸡丝凉面

做法

1 鸡脯肉洗净放入锅中，加入适量水和1勺料酒、两片姜，煮5～8分钟至肉熟透，捞出放凉。

2 干切面放入蒸锅，上汽后蒸8分钟，取出，用沸水煮1分钟捞出，切断面条，中间有个白心即可（图1）。

3 面条捞出沥干水分，倒入容器浇上香油，用筷子不断挑起使其降温，变温热时可放入冰箱冷藏半小时。

4 绿豆芽洗净用水焯熟，过凉水，沥干备用。

5 芥末粉加1小勺水稀释搅拌均匀，再依次加入其他的碗汁料，拌匀成碗汁（图2）。

6 碗内放绿豆芽垫底，将煮好的鸡脯肉用手撕成鸡丝，和凉面一起放入碗中，浇上碗汁，再撒上熟白芝麻、花生碎、葱花和黄瓜丝，拌匀即可（图3～图4）。

温馨小提示

* 芥末粉和红油的量可根据个人口味增减。
* 面条蒸过口感更筋道，千万不要煮时间长了，否则口感不好。如果嫌麻烦，也可以直接用水煮至九成熟，再拌油放凉。
* 蒸鱼豉油能起到增鲜的作用，可以代替味精或鸡精使用。

材料
Ingredients

[主料]	
干切面	300克
[配料]	
鸡脯肉	100克
绿豆芽	300克
料酒	1勺
姜	2片
[碗汁]	
芥末粉	2克
生抽	40毫升
醋	20毫升
白糖	15克
姜蒜末	30克
花椒油	2毫升
红油	15克
蒸鱼豉油	10毫升
[调料]	
香油	10毫升
熟白芝麻	2克
葱花	5克
黄瓜丝	80克
花生碎	5克

Delicious Food

武汉热干面

做法

1 将芝麻酱用香油一点点搅拌，澥成稍微浓稠的芝麻酱汁，然后加入生抽和盐，搅拌均匀成芝麻酱汁；将蒜蓉、胡椒粉、醋和白糖调成蒜味汁（图1）。

2 熟花生拍碎；辣萝卜干和香葱分别切成碎末。

3 锅中加入水，煮沸，放入碱面条，煮沸后再煮约2分钟，至面条煮八成熟还保持硬心即可，沥干水，浇上一勺香油，然后用吹风机吹干（图2～图3）。

4 撒上花生碎、辣萝卜干和香葱末，浇上芝麻酱汁和蒜味汁，拌匀即可（图4）。

1

2

3

4

美食物语

热干面是武汉最具特色的早点。与山西刀削面、两广伊府面、四川担担面、郑州烩面并称为“中国五大名面”。

材料 Ingredients

［主料］

碱面条	150克

［调料］

芝麻酱	40克
香油	20毫升
生抽	5毫升
白糖	5克
蒜蓉	10克
盐	2克
胡椒粉	少许
醋	2毫升
熟花生	10克
辣萝卜干	10克
香葱	5克

温馨小提示

* 捞出的面用吹风机吹，是为了能让面条表面的水分马上蒸发，保持面条的弹性不被水气泡糟。面条吃之前如果凉了，再用开水过一下，马上捞出沥干即可。
* 调味汁可以随自己喜好，盐和白糖的分量可酌情调整，喜欢吃辣的可以加点辣椒油。
* 碱面条就是在面条制作中加入了一点点食用碱面的面条。碱面可以调整面条的黏度，煮面不易煳锅，碱面条口感更筋道。

Delicious Food

陕西凉皮

美食物语

▶ 这是一道经典的西北小吃，凉皮、面筋口感筋道，味汁酸辣，开胃又过瘾，难怪它遍地开花。

做法

1 将面粉、水和盐混合成团，然后揉成光滑面团，室温饧30～60分钟。

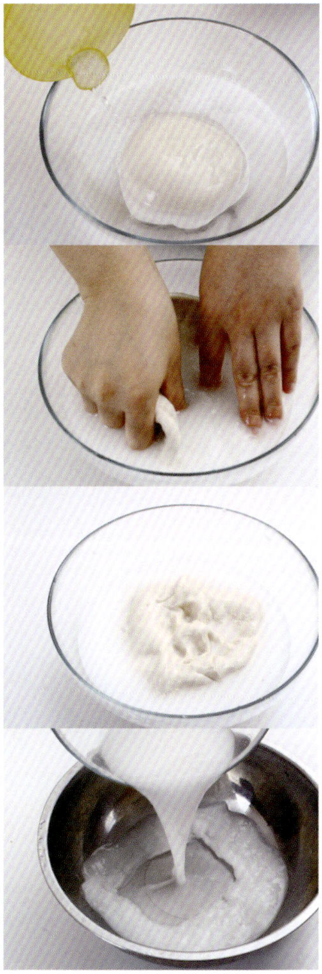

2 盆里倒入大约400毫升清水，将面团放入水中反复用手揉搓，直至水越来越白，有很多粉浆沉淀出来，把水倒入另外一个更大的盆备用。

材料
Ingredients

[主料]

面粉	300克
水	160毫升
盐	2克

[配料]

黄瓜	1根
香菜	20克

[调料]

芝麻酱	30克
生抽	5毫升
醋	5毫升
白糖	2克
蒜蓉汁	10毫升
油泼辣子	5毫升
芥末油	1毫升
花椒油	2毫升

3 盆中再加入400毫升的清水继续揉洗面团，同样至水有很多粉浆析出，将水也倒入大盆中。

4 如此重复加水四五次揉洗，直至面团洗不出粉浆，变得粗糙多孔时即为面筋。

5 将面筋放入抹了油的碗中，放入蒸锅蒸15分钟至熟，取出放凉，切成小丁备用。

6 洗出的粉浆水在盆中放置3小时以上，让粉浆沉淀，然后缓缓倒出上面的清水，尽量倒干净，将余下的白色面浆搅拌混合均匀。

7 用一个平盘做容器，底部刷一层油，将粉浆倒入盘中薄薄的一层约3毫米厚，放入上汽的锅中蒸三四分钟至表面起泡即成面皮，一张一张地做好，放凉备用。

8 将凉皮放凉切条；黄瓜切丝；香菜切末；芝麻酱用一两勺水先稀释搅拌均匀，然后加入生抽、醋、白糖、蒜蓉汁和油泼辣子混合，再加入芥末油和花椒油拌成调料。

9 将调料淋在凉皮上，所有材料拌匀即可。

温馨小提示

- 洗面筋的过程可以用一次水直至洗出面筋，也可以多换几次水，如果总的用水量多，最后沉淀粉浆的时间也会长一点。
- 蒸粉浆的容器用铁质的导热好、蒸得快，平时用的比萨盘、蛋糕盘就可以。如果没有，用玻璃盘或瓷盘代替就行。
- 记得每次蒸前盘底要刷油，这样蒸好的凉皮底部有油，摞放在一起也不会粘住。
- 调味料也很重要，蒜蓉汁一定要是蒜捣碎或是用压蒜器压出后加少许水混合均匀而成。用刀切出的碎末不会有黏黏的蒜汁，味道也不浓郁。
- 油泼辣子的做法参见P11四川担担面中红油的做法（嫌麻烦可以买现成的辣椒油）。
- 蒸好的面皮连模具一同放入凉水中降温，这样比较容易揭下来。
- 如果面皮易碎不成张，说明蒸的时间还不够。

Delicious Food

油泼扯面

做法

1 用少量温水将盐和食用碱面化开成盐碱水，加入面粉中，再加入剩余的温水，边加水边搅拌，待面粉和成团时，用手揉成表面光滑的面团，在面团表面刷一层油，放入容器中，用湿毛巾盖好容器，饧发20分钟（图1～图2）。

2 将饧好的面团平分成8份，搓成长条（图3），表面刷油放入密封容器中，再饧发2小时以上。

3 锅中加入水，大火加热，将饧好的小条擀成稍薄并且宽点的面片，用手揪住两头，轻轻地将面片在操作台上摔打，使面条更长更薄（图4），将抻好的面片下入沸水锅中，煮4分钟，中间煮沸后可酌情点1次凉水，待面煮透后下入择洗净的小油菜和黄豆芽一同再煮半分钟（图5），关火后将面条和菜捞出，盛入大一点的碗中。

4 面碗中倒入生抽、醋，撒上葱花、姜末、辣椒粉、盐，将植物油烧热后泼在面碗的调料上，搅拌均匀即可（图6）。

1

2

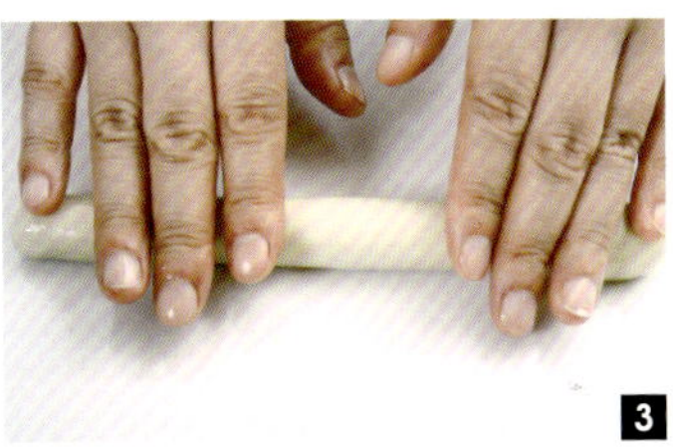
3

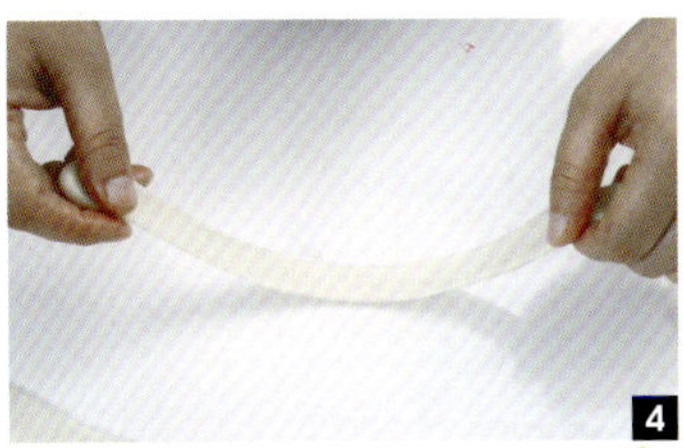
4

5

6

美食物语

▶扯面面团第二次饧的时间尽量长一些，这样，在抻面时才会特别有韧性，不容易断。扯面的精髓在于面条筋道，味汁香辣，因此辣椒粉一定要用好的。

材料
Ingredients

［面条材料］

- 面粉 300克
- 温水 180毫升
- 盐 2克
- 食用碱面 1克

［配菜］

- 黄豆芽 100克
- 小油菜 100克

［调料］

- 辣椒粉 2克
- 醋 15毫升
- 生抽 10毫升
- 葱花 5克
- 姜末 2克
- 盐 1克
- 植物油 30毫升

Delicious Food

猪肉臊子面

做法

1 将五花肉切小丁；干木耳泡发，洗净撕成小块；豆腐切成小方块，煎至金黄备用（图1）。

2 炒锅烧热放入植物油，放入肉丁转小火煸炒，中间加入姜末和大料炒出香味（图2）。

3 煸炒至肉丁发干后烹入料酒，出香味后倒入生抽、老抽、老陈醋、辣椒粉、白糖，翻炒均匀再加入100毫升清水，小火炖煮15分钟左右。

4 锅中汤汁收干再加入胡萝卜丁、木耳、豆腐块和盐，翻炒1分钟，再倒入350毫升热水，煮10分钟，最后撒胡椒粉和青蒜末关火即是臊子卤（图3～图5）。

5 锅中加入多量的水，水沸后加入手擀面煮5分钟左右，中间加入两次凉水，防止溢锅。

6 捞出煮好的面条，舀一勺臊子卤，浇点辣椒油即可（图6）。

材料
Ingredients

［主料］

手擀面	300克

［臊子卤料］

干木耳	5朵
胡萝卜丁	50克
青蒜末	20克
豆腐	150克
五花肉	200克
大料	1个
料酒	15毫升
生抽	10毫升
老抽	5毫升
老陈醋	20毫升
辣椒粉	1克
盐	3克
白糖	3克
胡椒粉	少许
姜末	适量

［其他］

植物油	40毫升
辣椒油	5毫升

Delicious Food

莜面栲栳栳

美食物语

▶这是一道很有代表性的山西小吃，风味独特。

做法

1 羊后腿肉切丁，胡萝卜切丁。

2 做羊肉臊子卤：热锅凉油放入大料、桂皮和花椒，煎出香料味后，下羊肉丁和胡萝卜丁煸炒至变色，将羊肉丁和胡萝卜丁拨在锅边，放入干辣椒煸出辣味，再放葱姜末煸炒几下，再全部混合拌炒1分钟；从锅边烹入10毫升醋，再加入酱油、料酒、盐、200毫升热水，小火煮15分钟，至汤汁还剩一半，再加胡椒粉调味，关火加味精和香菜即可。

材料 Ingredients

［主料］

莜麦面粉	200克
水	200毫升

［臊子卤料］

羊后腿肉	200克
胡萝卜	100克
植物油	40毫升
大料	1个
桂皮	1块
花椒	10粒
干辣椒	2个
葱姜末	5克
醋	10毫升
酱油	15毫升
料酒	5毫升
盐	3克
胡椒粉	1克
味精	少许
香菜	少许

3 将莜麦面粉放入容器，水加热煮沸后立即浇入莜麦面粉，一边倒热水一边用筷子快速搅拌成团。

4 将莜面团在操作台上不断揉搓成光滑的面团，将面团搓成长条。

5 将面团揪成小块的剂子，大约四五克一个，搓圆，用擀面杖擀成长椭圆形的薄面皮，将一边轻轻拨开，提起小面片，绕着手指卷成卷，立着码放在蒸笼中；所有小剂子都卷成卷，整齐码放好，准备将容器上锅蒸。

6 蒸锅加热，水沸后放入莜面蒸笼，中大火蒸10分钟左右。

7 蒸好的莜面栲栳栳蘸食羊肉臊子卤即可。

温馨小提示

* 莜麦面粉就是燕麦面粉，营养非常丰富，在西北地区，莜面是最常见最普通的家常面食，无论蒸、炒、煮、凉拌都很好吃。
* 莜面面团偏硬，和莜面团时，水可稍微多些，看情况调节面团的软硬。
* 莜面的卤可以随意，这种羊肉的卤比较常见，也有素的卤如番茄鸡蛋卤，跟普通的面卤相似。
* 莜面的热量很高，而且不易消化，不要一次吃太多。

Delicious Food

炒猫耳朵

做法

1 将莜麦面粉和面粉混合，倒入沸水中，混合揉成光滑的面团，饧半小时（图1）。

2 将饧好的面团擀成圆片，切细条（图2），再切成2厘米见方的小丁。

3 用大拇指将小丁一个个搓成翘起的弧形小面片，类似猫耳朵形状，也可以在寿司帘上搓，背面会有好看的花纹（图3）。

4 瘦肉片用盐和水淀粉腌渍5分钟，香菇切丁，青红椒切丁，鸡蛋打散成蛋液（图4）。

5 将搓好的猫耳朵放入沸水中煮至八成熟，捞出过一遍凉水，再沥干水分（图5）。

6 炒锅加热，放入植物油烧至温热后将鸡蛋炒熟盛出；再放点油，温热后放入葱姜末和海米，再放入瘦肉片，炒至肉片变色后加入猫耳朵，再依次加入香菇丁、青红椒丁和熟鸡蛋，煸炒几下，加盐调味，等青红椒变软即可（图6）。

美食物语

莜麦的营养价值很高，脂肪和热能也同样很高，也就是说特别扛饿，平时米饭吃一碗的话，这个有半碗就够啦！

材料 Ingredients

[主料]

莜麦面粉	80克
面粉	80克
沸水	145毫升

[配料]

瘦肉片	80克
香菇	3个
青红椒	10克
海米	10个
鸡蛋	1个

[调料]

植物油	30毫升
葱姜末	各5克
水淀粉	5毫升
盐	适量

Delicious Food

新疆炒面片

做法

1 将主料中的面粉、盐、水混合，揉成光滑的面团，切成6小条，每条上涂抹一些植物油放入容器，盖上湿毛巾饧30分钟。

2 锅内加水置大火上，将饧好的面取出，每块先用擀面杖擀成细长条，再用手揪成小块，下入沸水中，煮3～4分钟后捞出，泡在凉水中备用。

3 羊肉切片，加姜末、1克盐、料酒、花椒水、淀粉腌渍10分钟；蒜切片；其他配料洗净切块。

4 热锅温油炒羊肉片至变色后盛出；再放点油，先炒香蒜片和洋葱块，再加入番茄块翻炒至变软，下入其他配料翻炒几下，加剩余的2克盐、老抽调味调色，然后将面片捞出下锅，翻炒片刻，加入番茄酱、白糖、羊肉片，翻炒均匀即可。

材料 Ingredients

[主料]

面粉	250克
水	130毫升
盐	2克
植物油	15毫升

[配料]

羊肉	100克
芹菜	50克
洋葱	50克
番茄	1个
圆白菜	50克
青椒	50克

[调料]

蒜	2瓣
姜末	2克
料酒	5毫升
花椒水	5毫升
淀粉	3克
植物油	30毫升
番茄酱	15克
老抽	5毫升
盐	3克
白糖	3克

Delicious Food

河南羊肉烩面

做法

1 将羊肉切4大块，浸泡冲洗干净；羊油切小块，跟羊肉一起放入锅中，加水煮沸，撇除浮沫，加入葱段、姜片、料包和料酒，中小火炖60分钟。

2 将面粉与5克盐混合，加入混合均匀的食用碱面和少量水，再逐次将水加入面粉，揉成光滑的面团，盖上湿布饧约20分钟。

材料
Ingredients

[主料]

羊肉	400克
羊油	50克
面粉	300克
盐	5克
食用碱面	1克
植物油	20毫升

[配料]

豆腐皮	2张
水发粉丝	50克
水发黄花	25克
水发木耳	50克
香菜	30克

[料包]

花椒	30粒
大料、丁香	各2个
三柰	2块
桂皮	1块
小茴香	30粒
草果	1个
良姜	1小块

[调料]

姜片、葱段、料酒、香油、盐、胡椒粉、辣椒油　各适量

3 再将面团反复揉搓，饧20分钟，分成五个小面团，然后将面团搓成约6厘米的长条，每个表面沾点植物油，即成烩面面坯，将其整齐地摆入托盘内，用保鲜膜盖严再饧20分钟。

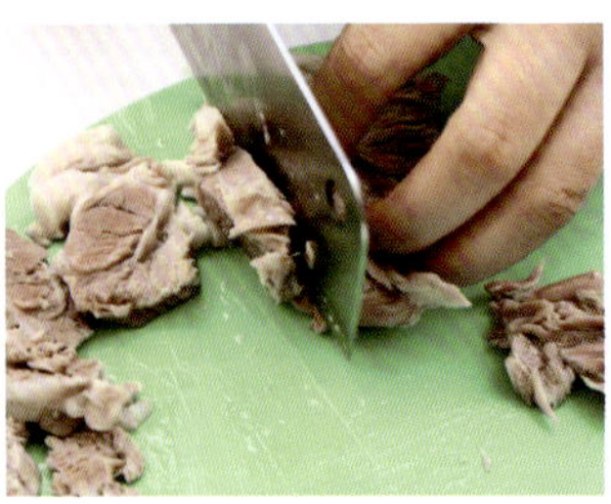

4 羊肉炖好后捞出切片，拣出葱姜和料包，再将切好的羊肉放回锅中，加入适量盐调味，小火加热。

5 豆腐皮洗净切丝，水发黄花切段，水发木耳撕成小块，与豆腐皮丝和黄花段一起加入锅中。

6 将饧好的面坯取出，用擀面杖擀成条状，从中心纵压出一条线，双手拽住面条的两端，轻轻地在台面上摔拽成长条。

7 将面条放入羊肉汤锅中，再煮5分钟，最后放入泡软的粉丝，加入香菜、胡椒粉，淋入香油、辣椒油即可。

温馨小提示

* 烩面的面坯需要长时间饧才能使面的韧性增强，便于抻拉，面中加入盐和碱都能使面更有筋性，也可以用现成的切面或手擀面代替。
* 熬制羊肉汤时也可以加根羊棒骨，长时间熬煮，这样可使羊肉酥烂，骨髓也融入汤中。
* 配菜可根据喜好随意调整。

Delicious Food

红烧牛肉面

做法

1 牛腩洗净，切小块（图1）；葱切段；香葱切末；胡萝卜切块；白萝卜切片；牛腩放入沸水锅中，煮沸后再煮1分钟，捞出，洗净浮沫（图2）。

2 牛腩放入高压锅中，倒入热水，放入葱段、姜片，盖上盖加压清炖30分钟（图3），炖好等压力阀散气后，将牛腩捞出，牛腩汤过滤备用。

3 炒锅加热，倒入植物油，热锅凉油加入花椒、大料、冰糖，小火炒至冰糖化为糖色、香料炸出香味。

4 将牛腩倒入锅中，煸炒均匀，加入干辣椒、香叶、料酒、生抽和老抽，倒入牛肉汤约400毫升，小火炖15分钟左右，加入盐调味，再加胡萝卜块，大火炖至胡萝卜软烂，汤汁收浓关火（图4～图5）。

5 在锅中加入清水煮沸，加白萝卜片煮熟捞出，再下入小油菜汆熟捞出，最后将面条下入煮熟捞出，放入同一碗中备用。

6 将剩余的牛腩汤加热后浇在面条上，舀一勺炖好的牛腩放入，撒上香菜即可（图6）。

材料
Ingredients

[主料]

牛腩	500克
面条	300克

[配料]

胡萝卜	100克
白萝卜	50克
小油菜	100克
香菜	20克

[调料]

葱	半根
姜片	10克
植物油	30毫升
香葱	15克
干辣椒	5个
冰糖	15克
大料	1个
花椒	15粒
料酒	15毫升
香叶	2片
老抽	5毫升
生抽	10毫升
盐	5克

Delicious Food

老北京炸酱面

美食物语

▶ 制作时如果用黄豆酱，只需加少量料酒和水稀释，如果用干黄酱，水则要多加一些。

做法

1 五花肉切成小块，豆芽焯烫断生，黄豆煮熟，香菜切末，黄瓜、心里美萝卜均洗净切丝。

2 黄豆酱中加入料酒和水，稀释搅拌均匀。

3 油锅烧至温热时下姜末和五花肉煸炒，炒至肉变白色时倒入稀释好的黄豆酱搅拌均匀，放入大料，小火煸炸，加白糖调味。

4 待酱炒至水分变干变浓稠时撒入葱末，拌匀关火即成炸酱。

5 将手擀面煮熟，捞出面条拌入肉丁炸酱，与全部配料一起拌匀食用即可。

材料 Ingredients

[主料]

五花肉	300克
手擀面	400克

[配料]

黄瓜	200克
豆芽	150克
心里美萝卜	100克
黄豆	50克
香菜	5克

[调料]

黄豆酱	200克
料酒	10毫升
水	30毫升
姜末	5克
葱末	15克
植物油	60毫升
大料	1个
白糖	5克

温馨小提示

* 黄酱本身已经很咸了，不需要再额外加盐，反而要加些白糖调节口味，如果用一半黄酱和一半甜面酱来制作炸酱，就不需要放白糖了。

Delicious Food

上海大排面

做法

1 猪排洗净沥干水分，用肉槌将肉质敲打松散，用刀背在大排两边细细地横竖剁两遍，这样可以敲断肉筋，让肉吃起来更嫩，敲好后的大排会变薄，面积会增大约1/4。

2 在大排中放入腌肉料，抓匀腌40分钟。

3 腌入味的大排蘸上鸡蛋液，两面都拍上干淀粉（图1～图2）。

4 煎锅内倒入植物油烧热，将大排依次下入，小火煎至两面微黄后逐一取出（图3）。

5 炒锅内倒入植物油烧至五成热，小火炒冰糖至出糖色，倒入葱姜末炒出葱油香，将大排放入，倒热水至没过大排5～8厘米，加入大料、老抽、黄酒，加盖中火炖半小时，待汤汁变浓时加盐调味，撒入香葱末关火（图4）。

6 另起锅煮手擀面，面快煮好时，将洗净的小油菜和胡萝卜片放进去烫熟捞出，再捞出煮好的面条盛入碗内，浇入大排汁，放入小油菜、胡萝卜片和对半切开的煮鸡蛋即可（图5～图6）。

1

2

3

4

5

6

材料
Ingredients

[主料]

猪排	4块（约600克）
手擀面	300克

[腌肉料]

老抽	10毫升
蚝油	15毫升
白胡椒粉	适量
黄酒	15毫升
盐	2克
蒜蓉	1勺

[调料]

鸡蛋液	1个
干淀粉	40克
植物油	100毫升
大料	1个
葱姜末	各5克
冰糖	15克
老抽	5毫升
黄酒	5毫升
盐	3克
香葱末	少许

[其他]

小油菜	100克
胡萝卜片	50克
煮鸡蛋	1个

Delicious Food

酸辣三丝面

做法

1 猪瘦肉、香菇、黄瓜分别洗净，切丝；青椒、红辣椒分别洗净，切圈备用。

2 锅内倒植物油烧热，放入肉丝炒熟，再放入葱末、姜末、酱油、料酒，翻炒入味，装碗备用。

3 锅内倒入清水，烧沸后放入挂面煮熟，捞出装入碗内，码好猪肉丝、香菇丝、黄瓜丝。

4 炒锅内倒入清汤，烧沸放入青椒圈、红辣椒圈，加醋、辣椒油、盐、味精、胡椒粉、香油，调好口味，浇到面上即可。

材料 Ingredients

［主料］

家常挂面	200克
猪瘦肉	150克
香菇	100克
黄瓜	1根
青椒	1个
红辣椒	1个

［配料］

植物油	50毫升
葱末	3克
姜末	3克
清汤	200毫升
酱油	5毫升
料酒	5毫升
醋	5毫升
辣椒油	1勺
盐	3克
味精	1克
胡椒粉	1克
香油	少许

温馨小提示

* 酸辣汤汁较为清爽；如果喜欢吃汤黏稠点的口味，也可直接把面条放在汤里煮；最好现吃现煮。

PART 2

走过路过不错过，香味勾起小馋虫

山珍海味也敌不过这口香饽饽

Delicious Food

驴肉火烧

做法

1 面粉中边倒入温水边搅拌，搅拌成团后用手揉至软硬适中，盖上湿毛巾饧15分钟，再揉至面团光滑后饧15分钟。

2 将酱驴肉放入锅中，加入清水至没过肉，小火煮20分钟。

3 把饧好的面团分成6份小面团，把每个小面团擀成长方形片状，表面抹一层植物油，再撒点盐，将长方形的面片两边分别向中间对折两次，再对折，像叠被子一样叠成饼坯（图1～图2）。

4 平底锅烧热，倒入植物油，油温热时放入饼坯，小火烙至两面金黄（图3）。

5 将烙好的火烧放入250℃的烤箱，烤5分钟左右（图4）。

6 将青椒和红尖椒洗净、切碎，煮好的驴肉加两勺煮驴肉的汤汁，切碎；在火烧分层处掰开，将适量的肉和青红椒碎夹在火烧里即可。

1

2

3

4

温馨小提示

* 很多熟食店都有卖酱驴肉的，如果能买到生的驴肉，可以在家酱制，跟酱牛肉的做法相同。
* 根据买的驴肉的部位不同，肉的口感也不同，驴瘦肉比较干硬，可以加水再煮一会儿，口感会更好。
* 火烧先烙再烤，皮比较酥脆。

美食物语

有俗话说“天上龙肉，地下驴肉”，驴肉肉质红嫩、口感劲道，比牛肉细致，没有猪肉的肥腻，也没有羊肉的膻味。驴肉火烧发源于河北省古城保定，以保定北部徐水县漕河地区的历史最为悠久。

材料 Ingredients

[火烧材料]

面粉	300克
温水	160毫升
植物油	15毫升
盐	2克

[馅料]

酱驴肉	250克
红尖椒	50克
青椒	50克
植物油	10毫升

Delicious Food

门钉肉饼

做法

1 边往面粉中加水边用筷子搅拌，当搅拌到面团有劲时，面就算和好了。

2 手上涂一些植物油，把面团取出来，整理一下，放入一个已涂植物油能防粘的容器中，面团表面也刷一层植物油，盖上湿布或者盖子饧40分钟。

3 牛肉馅中放入香油拌匀，腌渍10分钟，待香油的味道渗入肉馅后，依次放入盐、姜末、料酒、花椒水、老抽、生抽搅匀，把25毫升植物油分三次加入到肉馅中，每加一次都要将肉馅搅拌均匀，最后一次加入植物油后将肉馅用力搅拌，使肉馅有黏腻的感觉，这时肉馅会有油亮的成色，最后在肉馅中加入葱末、盐搅拌均匀。

美食物语

门钉肉饼是老北京的传统小吃。“门钉”之名据说是源于故宫午门大门上锃亮的大门钉，有吉祥好运的寓意。门钉肉饼吃时先咬一小口面皮，让热气散散，然后吸着汤汁就着皮馅一起品尝。

材料 Ingredients

[主料]

面粉	150克
水	115毫升
牛肉馅	250克

[配料]

葱末	200克

[调料]

香油	10毫升
姜末	10克
料酒	15毫升
老抽	5毫升
生抽	15毫升
花椒水	20毫升
植物油	25毫升
盐	5克

4 操作台上撒些干面粉，把饧好的面取出，搓成长条，刀切或手揪成小剂子，大约每个重20克，将小剂子压扁成面皮，面团很软，面皮不需要压太大。

5 把馅料包入面皮中，一手填入馅料的同时另一只手轻轻向上兜起面皮，直到馅料填满，馅要多放点，大约每个填入25克，将面皮边缘向中间捏紧封口成球状，可以将多余的面剂揪掉。

6 平底锅开火烧热后刷一层植物油，把包好的肉饼排入，用手轻压成厚的饼状。

7 在饼皮上面也刷一层植物油，锅中倒入约15毫升水，盖上锅盖，中小火烙5分钟左右，一面金黄后再烙另外一面，烙至表皮金黄即可。

温馨小提示

* 将20多粒花椒加入大约30毫升水，放入微波炉加热1分钟，放凉后即是花椒水，能去腥味并且提味。
* 拌馅时，葱要最后再放，口感和味道会更好。如果提前放葱会使葱的黏液释放出来，肉馅闻起来有葱的臭味，吃起来口感也比较黏。
* 如果用电饼铛烙饼，中途最好不打开锅盖看，这是为了让面团吃起来比较脆，不干硬，如果掌握不好火候，就观察蒸汽，不冒蒸汽时就说明熟了。
* 由于门钉肉饼油很大，而且牛油很容易凝固，因此趁热吃比较好，口感也好，吃时要小心烫嘴，先咬一小口面皮，让热气散散，然后吸着汤汁就着皮馅一起品尝。
* 可以配点香醋吃，香醋可去腻。

Delicious Food

陕西肉夹馍

美食物语

肉夹馍是西北地区广受欢迎的美味小吃，馍脆肉香，回味无穷。腊汁肉也可换成牛肉。

做法

1 将面粉、酵母、泡打粉混合均匀，慢慢加入温水，边倒水边搅拌，面粉和成团后用手揉成表面光滑的圆形面团，放在容器中盖湿毛巾饧发1小时左右，至面团膨胀为原来的2倍大。

2 将五花肉带皮洗净，直接放入锅中，加水至没过肉，大火煮沸后再煮3分钟，煮出肉中的血污，关火倒掉水，将肉冲洗干净。

材料 Ingredients

[馍饼料]	
面粉	300克
酵母	5克
泡打粉	2克
温水	175毫升
[馅料]	
五花肉	500克
[调料]	
料酒	15毫升
盐	4克
冰糖	10克
生抽	15毫升
葱	半根
姜	10克
大料	1个
桂皮	1块
草果	1个

3 将煮好的五花肉放入高压锅内，加入大料、桂皮、草果、冰糖、葱、姜、料酒、生抽，开火上汽后炖20分钟，将高压气阀放汽后打开锅盖，加入盐，再盖盖不加压炖20分钟左右，至汤汁收浓剩下1/3即可关火。

4 将饧发好的面团分成5个小面团，每个揉圆后盖上湿毛巾再饧发10分钟，将饧好的小面团压扁，擀成长椭圆形，再横着对折，从一边往里卷成卷，将尾部收入底部，再压扁成圆形馍坯，盖湿毛巾饧发10分钟。

5 取平底不粘锅，不涂油直接放入馍坯，盖上锅盖小火烙，两面各烙5分钟至表面变黄，再放入烤箱，以200℃烤5分钟。

6 将温凉的五花肉捞出，挑肥瘦相间的部分切成碎末；将烤好的馍趁热从中间剖开，夹入切好的肉末即可。

温馨小提示

* 炖整块的五花肉用高压锅比较省时间，用普通锅要炖2小时左右。
* 炖的肉一次吃不完，可以再跟土豆萝卜等一起回锅炖着吃，或是改做卤肉煮面条吃。
* 夹肉用的馍烙时不需要加油，最好用不粘锅。先烙后烤可以使饼的外皮酥脆。

Delicious Food

炸春卷

做法

1 将水慢慢倒入面粉中，搅拌成面团，饧20分钟，再揉至表面光滑，饧10分钟（图1）。

2 将豆芽洗净，择去两头；香菇切丝；韭菜洗净，沥干水分后切段；鸡蛋打散，倒入热油锅中摊成鸡蛋饼，取出切丝。

3 炒锅内再倒入10毫升植物油，将豆芽和香菇丝煸炒几下，加入盐和鸡精调味，再加入鸡蛋丝和韭菜段，淋入香油关火拌匀即成春卷馅。

4 将饧好的面团搓成长条，切成小块的剂子，擀成饺子皮状，将馅放在皮的一边，两边封口，将馅卷起来，边上可以沾点水粘住（图2～图5）。

5 炒锅内倒入植物油，五成热时将春卷放入，炸至表面金黄即可（图6）。

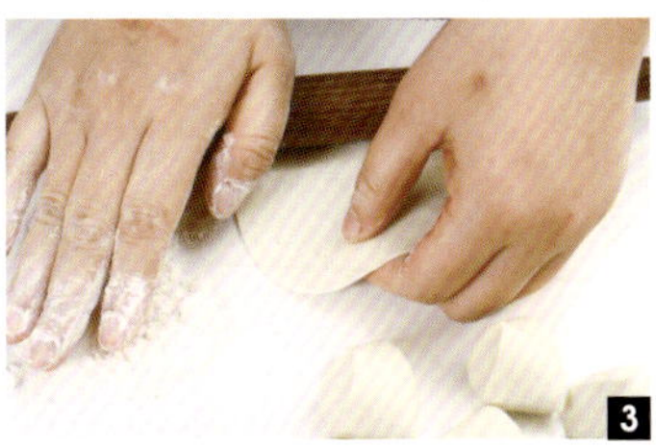

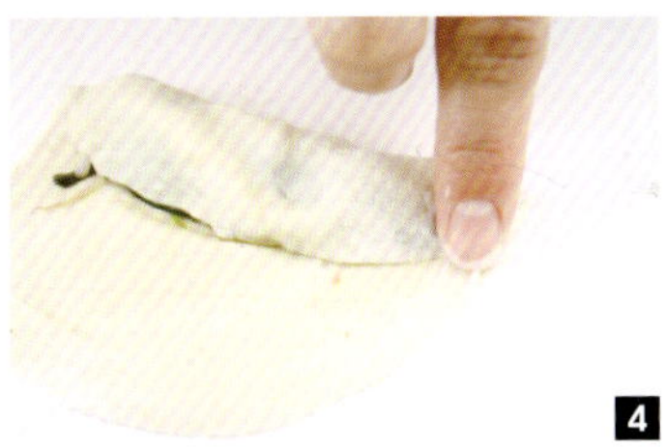

温馨小提示

* 春卷皮擀得要比饺子皮薄，另外也可以稍大点，可以包住更多的馅料；韭菜最好少用叶子部分，防止出太多水分。

美食物语

春卷是由古代立春之日食用春盘的习俗演变而来。春盘始于晋代，初名五辛盘。五辛盘中盛有五种辛荤的蔬菜，如小蒜、大蒜、韭菜、芸薹、胡荽等，供人们在春日食用后升发五脏之气。

材料 Ingredients

[面皮料]

面粉	200克
水	110毫升

[馅料]

鸡蛋	2个
豆芽	100克
香菇	5个
韭菜	100克

[调料]

盐	3克
鸡精	1克
香油	5毫升
植物油	300毫升

Delicious Food

糊塌子

■ 做法

1 西葫芦洗净，擦成细丝，放入容器，加盐腌渍10分钟至渗出菜汁；胡萝卜擦成丝，香葱切末，都放入西葫芦丝中。

2 加入面粉，根据稀稠加适度清水调成稠面糊，再加入鸡蛋液搅拌均匀，最后加些鸡精、花椒粉和香油，搅拌均匀。

3 平底不粘锅加热后，刷点植物油，油热后舀入一勺面糊倒入锅中，晃动锅让面糊摊得更大更平些，盖上锅盖，加热1分钟左右，底面颜色变金黄翻面，煎至两面金黄即可出锅。

4 依次将面糊摊完，吃时可依个人口味酌情调醋或辣椒油蘸着吃。

美食物语

▶糊塌子是北京的一道家常小吃，其实就是北方常见的摊煎饼。糊塌子是用鲜嫩的西葫芦和面粉摊成，做法非常简单，吃着饱肚可口，也可以酌情换用其他菜料做面糊摊饼。

材料 Ingredients

[主料]

西葫芦	100克
胡萝卜	15克
鸡蛋	2个
面粉	80克
清水	50毫升

[调料]

香葱	2根
盐	3克
花椒粉	少许
鸡精	少许
香油	5毫升
植物油	15毫升

温馨小提示

* 西葫芦要用比较嫩的，不用去皮也不用去子，洗干净即可。
* 面糊加入的清水要根据西葫芦出水的情况适当调整。

Delicious Food

煎饼果子

做法

1 将香菜、香葱切碎末；生菜洗净沥干水分；甜面酱、蒜蓉辣酱和酱豆腐汁混合，可以适当加清水，调成稠酱汁（图1）。

2 将绿豆粉、玉米面粉和面粉混合，逐渐加水，慢慢搅拌成流动的面糊，加入盐和五香粉调味（图2）。

3 平底不粘锅用小火加热，底部热后在锅底刷一层植物油，舀入一勺面糊，慢慢转动锅底，用刮板或者平铲子头将面糊刮向四周，成薄薄的圆形饼状，等表面基本凝固后，在上面打1个鸡蛋，将蛋液划散，撒上葱花、香菜和黑芝麻，晃动锅底或用铲子掀开底部，背面凝固后即可翻面（图3～图5）。

4 在翻过来的一面刷上稠酱汁，然后在中间放生菜、油条和火腿肠，等底部凝固后将两边折向中间即可关火（图6）。

1

2

3

4

5

6

美食物语

这道经典美味的天津小吃又解馋又解饿。即便家里没有专门的器具，也可以做出地道美味。

材料 Ingredients

[主料]

绿豆粉	60克
玉米面粉	20克
面粉	80克
水	270毫升
盐	1克
五香粉	1克
油条	3根
鸡蛋	3个

[配料]

生菜	3片
火腿肠	3根
香菜	10克
香葱	10克
甜面酱	25克
蒜蓉辣酱	25克
酱豆腐汁	10毫升
黑芝麻	1克
植物油	10毫升

温馨小提示

* 煎饼的面糊通常要用一半绿豆面和一半普通的面粉调制，这样做出的煎饼易成形还不粘口。也可以加入少量的紫米、黑麦、玉米粉等其他杂粮。

Delicious Food

糖油饼

做法

1 将盐和小苏打用温水化开，泡打粉和面粉混合均匀。

2 将盐和小苏打混合的水加入到150毫升水中，混合均匀，慢慢加入面粉揉拌成团，表面刷些植物油，盖上湿毛巾或是盖子饧15分钟（图1）。

3 饧好的面团从四周向中间折叠按压，再饧10分钟（图2）。

4 再次折叠，饧10分钟。

5 将饧好的面团取出，称出130克，剩下的平均分成4份油饼面团，130克面团加绵白糖揉成糖面，如果粘手可以撒些干面粉，揉好后平均分成4份糖面团（图3）。

6 将4份糖面团和油饼面团逐一上下叠在一起，用擀面杖擀成片，中间用刀划两道切口（图4～图5），下入六成热的油锅，炸至两面金黄即可（图6）。

美食物语

面团水分比较多，不用揉太久，只需要反复折叠和松弛（也就是饧面）就行。

1

2

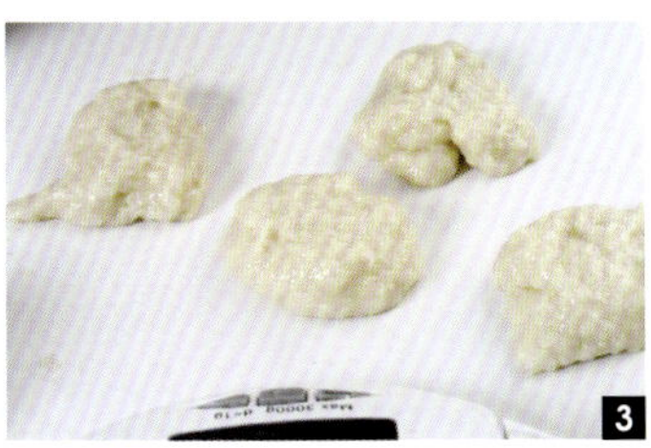
3

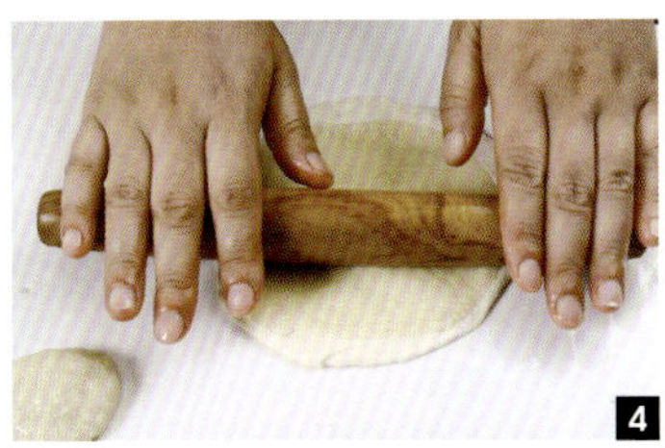
4

5

6

材料 Ingredients

［主料］

小苏打	2克
盐	5克
温水	50毫升
泡打粉	4克
标准粉	300克
水	150毫升

［配料］

植物油	310毫升
绵白糖	40克

温馨小提示

* 标准粉的筋性更小点，比普通面粉做出的油饼更蓬松。

Delicious Food

南瓜饼

做法

1 南瓜洗净去皮、瓤，切片后放入笼屉蒸15分钟。

2 蒸好的南瓜趁热碾成泥，加入糯米粉（图1～图2），再加入15毫升植物油、10毫升糖桂花，揉成比较软润的面团，包裹保鲜袋饧15分钟。

3 取一块糯米南瓜面团，搓圆后按压成圆片，包入豆沙馅（图3），收口捏紧轻轻搓圆后按扁，做成小圆饼，蘸点鸡蛋清，再蘸满白芝麻，锅中倒入植物油，中火烧至五成热时放入南瓜饼，小火煎至两面金黄即可（图4～图6）。

1

2

3

4

5

6

美食物语

南瓜饼是以南瓜为原料做成的饼，外脆里韧，各个地方的制作方法都不太一样，区别主要是在口味上，这里做的是桂花南瓜饼，用糖桂花提味，能让南瓜饼甜而不腻，回味清新。

材料 Ingredients

南瓜	200克
糯米粉	100克
糖桂花	10毫升
植物油	适量
豆沙馅	150克
蛋清	1个
白芝麻	30克

温馨小提示

* 南瓜泥的用量根据南瓜的品种不同也略有区别，有的南瓜水分大，有的南瓜水分小，根据面团的软硬可以适当调整水或者糯米粉的用量。
* 南瓜泥用蒸制或者用微波炉烹制都可以。

Delicious Food

老婆饼

做法

1 做冬瓜蓉：将冬瓜用搅拌机打成蓉，挤干水分，然后加40克白糖，小火煮至冬瓜水分挥发完，加入20克猪油，再煮至更干一点的状态即可，放凉备用。

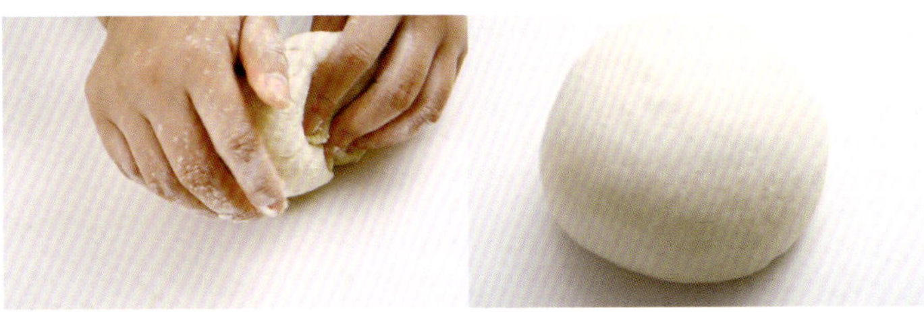

2 做水皮面团：水皮需要饧的时间长，先将水皮材料混合，和成团，揉至面团表面光滑有弹性，用保鲜膜包好，常温饧1小时。

温馨小提示

* 馅料需要的水温在40℃左右最好，水温的高低决定糯米粉的用量，以用手能团成团为准。

材料 Ingredients

[水皮料]

面粉	150克
糖粉	30克
猪油	30克
水	70毫升

[油酥皮料]

低筋面粉	120克
猪油	60克

[馅料]

冬瓜	200克
白糖	100克
猪油	20克
糯米粉	85克
植物油	15毫升
椰蓉	10克
白芝麻	10克
温水	35毫升

3 做油酥皮面团：将油酥皮材料混合，用手不断揉搓成面团，饧30分钟。

4 做糯米粉：糯米粉放入平底不粘锅中，小火加热，边加热边搅拌，炒至糯米粉发黄有香味即可。

5 做馅：将植物油、60克白糖、一半温水混合，搅拌至白糖溶化，然后加入椰蓉和白芝麻，边加入糯米粉边搅拌，根据干湿情况再加剩下的一半温水，最后加入冬瓜蓉，搅拌至能用手和成团就可以了。

6 将饧好的水皮和油皮分成12个小剂子，馅也分成12份。

7 水皮压扁擀成皮，包入油皮剂子，再擀成椭圆形。

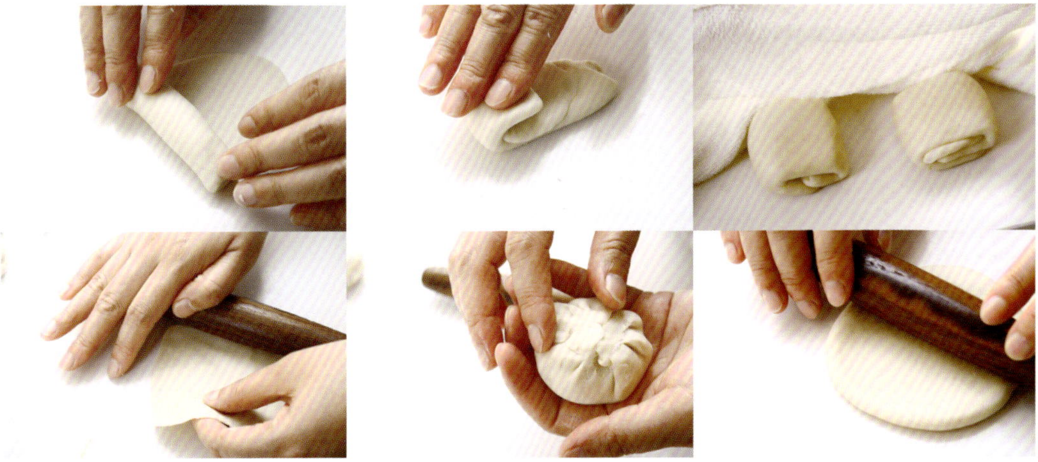

8 从一端卷起成卷，然后压平两端，各向中间叠起，再按扁，盖上湿布略饧发，逐一取出略擀开，包入馅料，底部封口，然后再按压扁，擀成圆形饼坯。

9 烤箱预热至175℃，烤盘可铺油纸或油布防粘，将饼表面刷一层蛋黄液，再撒些白芝麻，用刀子在饼上划两刀防止烤的时候起鼓，放烤箱中上层烤约20分钟即可。

温馨小提示

- 外面卖的有种糕粉就是熟的糯米粉，做老婆饼等糯米馅专用，如果能买到可以替代自制的炒糯米粉。另外糯米粉也可以用微波炉加热至熟，大概加热1～2分钟即可。
- 馅料需要的水温在40℃左右最好，水温度的高低决定糯米粉用的多少，用手能团成团就行。
- 水皮要包裹油皮，所以水皮稍多点更易包裹，操作时一定要注意盖湿毛巾保湿，否则面皮很容易干裂。另外，在操作时，每一个小面团都要依次码放，这样保证能让所有的小面团有均匀的饧发时间。馅料可根据自己的喜好增减分量。

Delicious Food

黄桥烧饼

做法

1 将水皮面的材料混合，加75毫升水和成团，揉至面团表面光滑有弹性，用保鲜膜包好，常温饧30分钟。

2 将油酥皮面的材料混合，用手不断揉搓成面团，饧15分钟。

3 将40克面粉放入不粘锅中，小火加热炒至面粉发黄有香味，然后和白糖、糖桂花、植物油一起放入小碗中，搅拌均匀成烧饼馅。

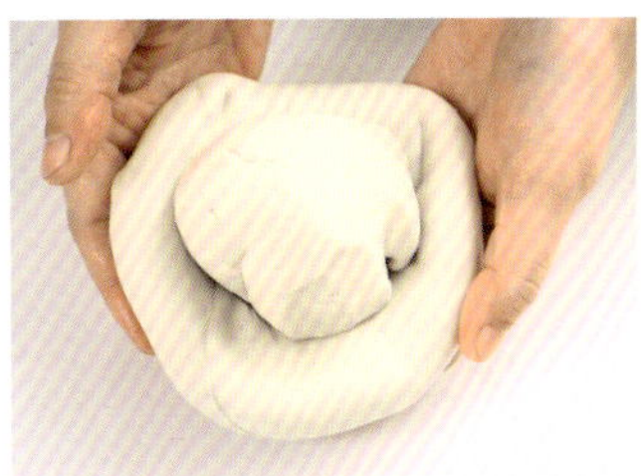

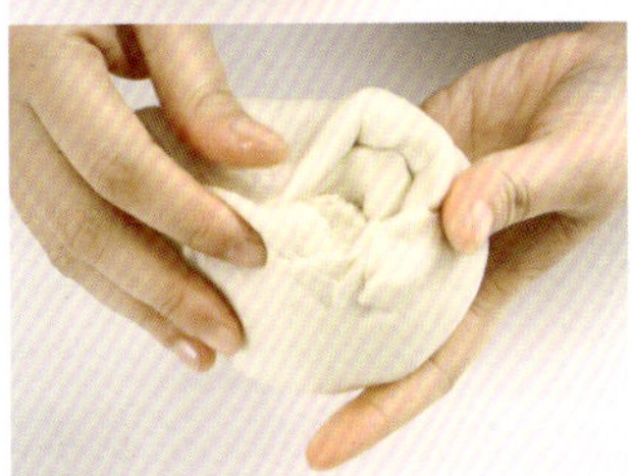

4 将饧好的水皮压扁，包入油酥面团，将收口捏紧。

美食物语

清代美食家袁枚先生在《随园食单》中记载了烧饼的制作：“用松子仁、胡桃仁敲碎，加冰糖屑、脂油和面炙之。”可见其精细。而黄桥烧饼集烧饼之大成。

材料 Ingredients

[水皮料]	
面粉	150克
糖	15克
猪油	25克
[油酥皮料]	
面粉	100克
猪油	50克
[馅料]	
白糖	80克
糖桂花	40克
植物油	15毫升
面粉	40克
[其他]	
白糖	10克
水	30毫升
白芝麻	20克

5 再将面团压扁，用擀面杖擀成长方形的片，两端折向中间成三折。

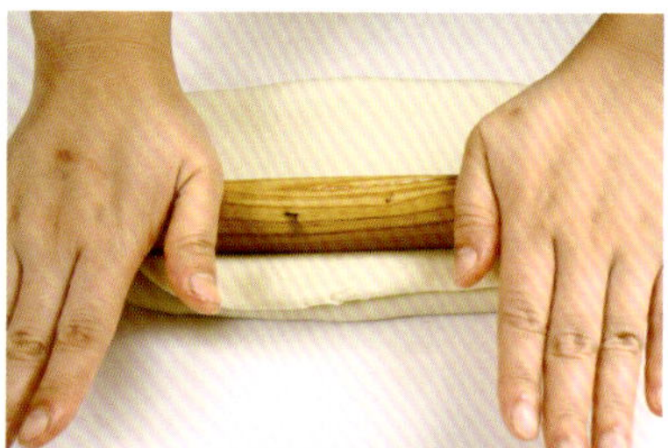

6 再擀成长方形，从一端卷起成卷，用刀切成宽约4厘米的块，盖上湿毛巾再饧10分钟。

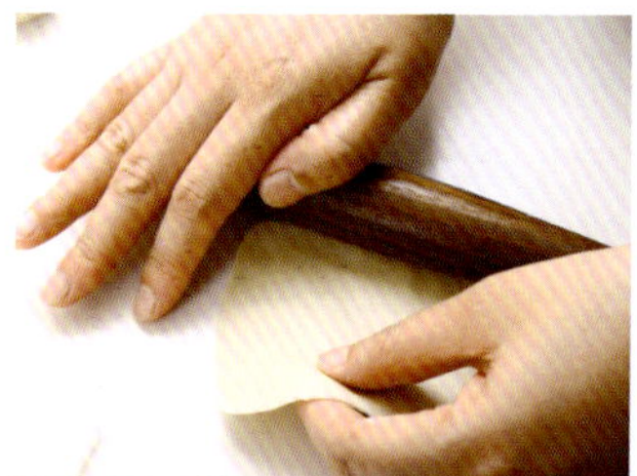

7 将饧好的小面团用擀面杖擀成片，包入适量的馅，将收口捏紧。

8 将10克白糖和30毫升水混合搅拌均匀，将包好的烧饼平整的一面在糖水里蘸一下，然后蘸满白芝麻，擀成薄一点的饼坯。

9 烤箱预热至190℃，将芝麻饼坯排放在烤盘里，放入烤箱中层烤20分钟左右即可。

温馨小提示

* 因为水皮面需要饧的时间长，所以制作时要先做水皮面。
* 馅料里加入了糖桂花更有特殊的香气，如果买不到可以用蜂蜜代替。

Delicious Food

紫菜煎饼

美食物语

▶煎饼，中国传统名小吃，以山东为盛，起源甚早，多由五谷杂粮制作，此款煎饼，加上家家必备的紫菜，在味道和营养上更是锦上添花，作为家常小吃或主食，都是不错的选择。

做法

1 紫菜、虾皮洗净，加中筋面粉、鸡蛋、葱花、盐、味精、胡椒粉、适量清水搅匀成面糊。

2 在平底锅中倒入植物油烧热，每次舀入1大勺面糊，摊平，煎至两面呈金黄色即可。

材料 Ingredients

[主料]

中筋面粉	150克
紫菜	20克
虾皮	10克
鸡蛋	1个

[配料]

葱花	5克
盐	3克
味精	2克
胡椒粉	少许
植物油	适量

温馨小提示

* 因鸡蛋富含维生素B_{12}，但不容易被人体吸收。钙可以提高人体对维生素B_{12}的吸收率。紫菜富含钙，与鸡蛋搭配，可以有效补充维生素B_{12}和钙，家里有老人和宝宝的可以常吃。

PART 3

那熟悉的叫卖声，很想回到小时候

巷子口小摊儿的看家菜

Delicious Food

重庆酸辣粉

做法

1 将小油菜洗净，在开水中焯熟备用。

2 平底锅小火加热，放入白芝麻，炒香，变微黄色后关火，倒入碗中（图1）。

3 碗汁的其他材料倒入白芝麻碗中，混合调匀成碗汁（图2）。

4 红薯粉条用温水泡10分钟至变软（图3）。

5 炒锅里倒入30毫升植物油，用中小火慢慢把辣椒粉炒香，随后放入一大勺郫县豆瓣酱，炒出红油后倒入高汤烧沸，按个人口味放入盐调味，关火后倒入碗汁中成酸辣汤（图4）。

6 再烧一锅水，水开时把泡软的粉条放进锅内烫半分钟，盛出沥水，放入酸辣汤碗中，加上焯烫好的小油菜、酥黄豆，撒入榨菜末、香葱末即可（图5～图6）。

1

2

3

4

5

6

温馨小提示

* 做酸辣粉最好用红薯粉条，口感筋道。
* 可用干黄豆炸制成酥黄豆，详见担担面中的做法（p11）。

材料
Ingredients

[主料]

红薯粉条	20克

[配料]

小油菜	100克
酥黄豆	50克
香葱末	20克
榨菜末	10克

[碗汁]

白芝麻	1小勺
姜末	1小勺
蒜泥	2小勺
花椒粉	1/4小勺
味精	适量
胡椒粉	适量
生抽	10毫升
醋	10毫升
香油	5毫升
红油	5毫升

[调料]

植物油	30毫升
辣椒粉	1小勺
郫县豆瓣酱	1大勺
高汤	200毫升
盐	适量

Delicious Food

酸辣豆花

做法

1 将豆浆放入锅中煮沸。

2 取一碗，放入一勺匙内酯，用少许温水化开（图1）。

3 将煮沸的豆浆撇去浮沫，倒入装有内酯的碗中，加盖，静置15分钟（图2～图3）。

4 将花生仁、豌豆仁、胡豆仁捣碎；榨菜、葱分别洗净，切末备用（图4～图5）。

5 将处理好的果仁、榨菜、葱花和调料放入碗中即可（图6～图8）。

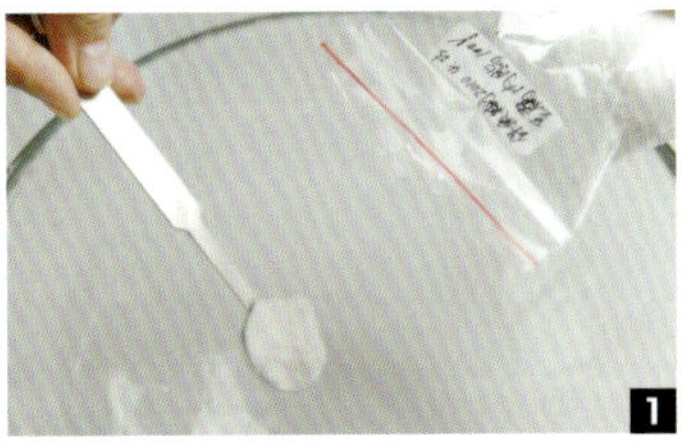
1

2

3

4

5

6

7

8

美食物语

▶酸辣豆花其口味酸辣咸鲜，豆花细嫩，味浓滚烫，别有风味，是汉族传统小吃，尤在四川盛行于大街小巷，营养丰富，老少皆宜。

材料 Ingredients

［主料］

豆浆	500毫升
花生仁	30克
豌豆仁	10克
胡豆仁	10克
榨菜	10克

［配料］

内酯	30克
盐	5克
味精	2克
美极鲜	1勺
辣椒油	少许
白糖	3克
葱	1勺

Delicious Food

红油抄手

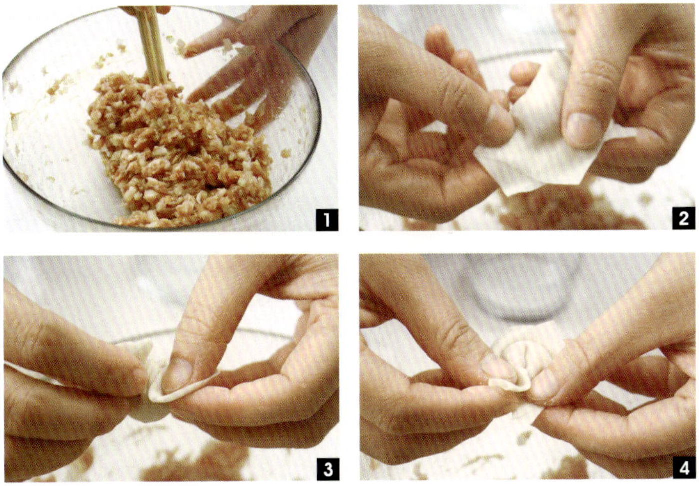

做法

1 小油菜洗干净，沥干水分；猪肉馅中分两次放入花椒水，每次加入都要搅拌至花椒水被肉馅完全吸收，再依次加入姜末、料酒、生抽、老抽、胡椒粉、蚝油、盐搅拌均匀，最后加入葱末拌匀（图1）。

2 取一张馄饨皮，中间包入一点馅料，然后将皮对折，再两边向下围合到一起，黏住接口，如果皮不好黏结可以沾点水，将所有的馅料都包完（图2～图4）。

3 锅中放水，大火煮沸后先下入小油菜烫熟，捞出放入碗中；再加入馄饨，改小火煮至馄饨漂起，倒入少许凉水降温，再煮约2分钟至馄饨熟透。

4 将小油菜和煮好的馄饨盛入碗汁里，可以加点煮馄饨的汤汁一起食用。

温馨小提示

* 花椒提前用水浸泡加热一下，过滤出的就是花椒水，用在肉馅、海鲜里，可去除腥味，增加香味。
* 包馄饨的手法很多，只要包住馅不漏就行，但要注意的是馄饨的皮很薄，包入的馅不要太满，比饺子皮包入的馅要少一半左右。

材料
Ingredients

[主料]	
猪肉馅	150克
馄饨皮	200克
[配料]	
小油菜	100克
[馅调料]	
花椒水	15毫升
姜末	3克
料酒	5毫升
生抽	5毫升
老抽	2毫升
胡椒粉	少许
蚝油	10毫升
盐	2克
葱末	5克
[碗汁]	
油辣椒	5克
香醋	5毫升
白糖	1克
花椒油	1毫升
生抽	5毫升
香油	2毫升

Delicious Food

过桥米线

做法

1 将鸡骨架和猪排骨焯水去血沫，再放入锅中，加料酒、葱段、姜片清炖90分钟（图1～图2）；等鸡汤快熬好时，另取一个锅加入水，水沸后下入鲜米线，烫熟后捞出备用（图3）。

2 将所有配料洗净改刀（图4），将银耳、香菇、豆芽等不易熟的菜在沸水中焯烫至断生。

3 在耐烫的大碗里加入盐、胡椒粉和香菜，倒入鸡汤后马上下入鸽子蛋、猪里脊肉、鸡脯肉、生火腿，接着放入准备好的其他配料和熟米线即可（图5～图6）。

温馨小提示

* 最好选用石锅或者其他保温的容器来盛汤，这样可以保持汤的温度，能把所有材料烫熟。
* 鸽子蛋不仅营养丰富，且分量小，容易烫熟；肉片切得越薄越好，一次最多放三四片，以免烫不熟。

材料 Ingredients

［主料］	
鲜米线	500克
［浓汤料］	
鸡骨架	350克
猪排骨	2块
葱段	20克
姜片	10克
料酒	10毫升
［配料］	
鸽子蛋	2个
韭菜	40克
豆苗	50克
豆芽	50克
猪里脊肉	50克
鸡脯肉	50克
香菇	2个
素丸子	3个
生火腿	5片
泡发银耳	50克
［调料］	
盐	2克
胡椒粉	1克
香菜	10克

Delicious Food

干炒牛河

美食物语

▶ 河粉，又称沙河粉，源自广州沙河镇。干炒牛河被认为是考验广东厨师炒菜技术的一大测试，手艺好坏一试便知。

做法

1 将牛肉片加酱油、淀粉腌渍30分钟入味。

2 锅置火上倒油烧热，放入牛肉片滑炒至断生，捞出沥油备用。

3 锅内留底油，放入葱段、姜丝炒香，加入河粉炒匀，再放牛肉片、金针菇、洋葱丝、小油菜炒熟，加盐、酱油、白糖调味，翻炒均匀即可。

材料 Ingredients

[主料]

河粉	150克
牛肉片	40克
金针菇	10克
小油菜	2棵
洋葱丝	少许

[配料]

植物油	20毫升
盐	5克
酱油	5毫升
葱段	3克
姜丝	3克
白糖	2克
淀粉	少许

温馨小提示

* 炒河粉的关键是怎样才能使河粉不断不碎。这就要用铲子不断地翻动，或者是放一些绿豆芽一起翻炒，炒出的河粉也不易碎。

Delicious Food

鸭血粉丝汤

1

2

3

4

做法

1 将鸭腿和鸡骨架放入锅中，倒入清水，大火煮沸后再煮1分钟，捞出鸭腿和鸡骨架，冲净浮沫（图1）。

2 将鸭腿和鸡骨架放入干净锅中，加入热水，大火加热，煮沸后再撇去浮沫，然后加入黄酒、葱段、姜片和料包，改小火炖90分钟。

3 主料分别清洗干净，鸭血切块，粉丝泡软，油豆腐对切，熟鸭肝和熟鸭胗切片。

4 锅中加水煮沸，下鸭血焯烫1分钟，捞出沥干（图2）。

5 在高汤快熬好前，加入盐调味。

6 炒锅内加入植物油，烧至五成热时放入葱末炒香，下入鸭血块和油豆腐略煎，倒入熬好的高汤，加入粉丝和小油菜煮至粉丝软烂，放入鸭胗片和鸭肝片，加入胡椒粉和香菜末关火即可（图3～图4）。

温馨小提示

* 鸭腿和鸡骨架搭配也能熬出鲜浓的高汤，当然，用整只老鸭来熬底汤会更加鲜美。
* 鸭肉是凉性的食物，而且腥味偏重，一定要焯烫去血污和异味，并且要多放姜补热。
* 食用时可以搭配辣椒油。

材料
Ingredients

[高汤料]

鸭腿	200克
鸡骨架	400克
葱段	50克
姜片	30克
黄酒	15毫升
盐	5克

[料包]

陈皮	5克
香叶	3片
桂皮	1块
草果	1个
大料	1个
花椒	10克

[主料]

鸭血	200克
油豆腐	100克
粉丝	80克
熟鸭肝	50克
熟鸭胗	50克
小油菜	2棵

[调料]

植物油	20毫升
葱末	5克
胡椒粉	1克
香菜末	5克

Delicious Food

广式肠粉

做法

1 将瘦肉馅放入容器中，慢慢加入葱姜水，搅拌均匀至水被肉馅完全吸收，再依次加入盐、白胡椒粉、料酒、白糖搅拌均匀至肉馅上劲，最后加入鸡蛋清拌匀。

2 将虾仁切大块，加入到肉馅中，拌匀成肠粉馅料（图1）。

3 将芥蓝清洗干净，放入沸水中烫熟，捞出备用；将蘸汁料混合放入小锅，煮沸后放凉备用。

4 将粉皮料放入容器中，慢慢搅拌均匀成米浆，将搅匀后的米浆过筛。

5 蒸锅内加水，大火加热，将铁盘子刷上植物油，放入蒸锅，将米浆再搅拌均匀，舀一勺倒入容器，薄薄一层即可，盖上锅盖，大火蒸2分钟至肠粉皮定型，将肉馅放入肠粉皮中间，然后两边向中间折起，再盖上锅盖蒸4分钟至馅熟（图2～图3）。

6 取出蒸好的肠粉，切开，配上烫熟的芥蓝，浇上蘸汁即可（图4）。

1

2

3

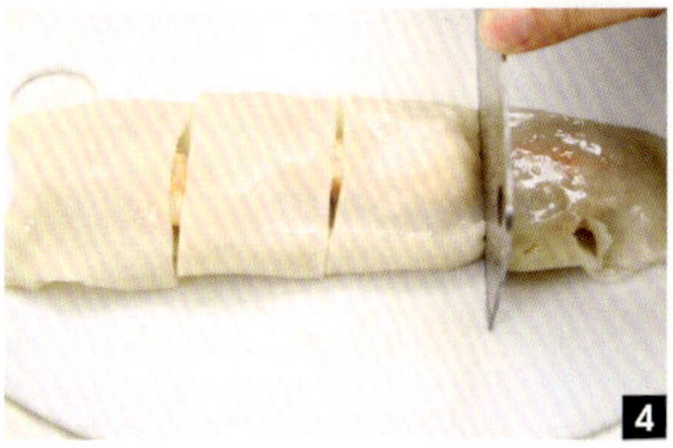
4

温馨小提示

* 肠粉的粉浆在蒸之前要搅拌均匀，否则粉浆上清下浊，蒸出的肠粉薄厚不均。
* 蒸肠粉的容器最好是导热比较快的，铁的、铝合金的或是不锈钢的都行。

材料 Ingredients

[馅料]

虾仁	120克
瘦肉馅	150克
葱姜水	15毫升
盐	2克
料酒	5毫升
白胡椒粉	少许
白糖	3克
鸡蛋清	1个

[配料]

芥蓝	100克

[粉皮料]

大米粉	80克
生粉	30克
澄面	15克
玉米淀粉	30克
植物油	20毫升
水	400毫升
盐	1克

[蘸汁]

水	15毫升
生抽	30毫升
美极鲜	5毫升
鱼露	1毫升
蚝油	30毫升
白糖	2克
葱	20克
姜	10克

[其他]

植物油	10毫升

Delicious Food

炒灌肠

美食物语

▶炒灌肠是一道营养美食，有健脾开胃调理的功效。除了绿豆芽之外，灌肠还可以搭配圆白菜、尖椒等蔬菜炒食。

做法

1 将灌肠切成滚刀片；绿豆芽择洗干净；葱去皮，洗净切成末；蒜捣成泥，加盐、水调成蒜泥汁。

2 锅置火上倒油烧热，入葱末炝锅，倒入绿豆芽煸炒，加入酱油、盐调味。

3 加入灌肠片翻炒，加盖略焖，入醋、蒜泥汁略炒，盛入碗内即可。

材料 Ingredients

[主料]

灌肠	350克
绿豆芽	100克

[配料]

植物油	15毫升
大葱	5克
蒜	3克
盐	30克
酱油	1勺
醋	1勺

温馨小提示

* 炒灌肠一定要用大火，那样炒出来的灌肠才不粘黏，并且醋和蒜末一定不能少，这样灌肠的香味才能炒出来。

Delicious Food

鲜虾馄饨

做法

1 菠菜洗净；葱姜切末；虾仁洗净。

2 分两次将花椒水加入猪肉馅中，每次加都要搅拌至花椒水被肉馅完全吸收，再依次加入葱末、姜末、料酒、生抽、老抽、胡椒粉、蚝油、盐搅拌均匀。

3 虾仁切大块，加入盐和料酒腌渍5分钟；鸡蛋打散摊成鸡蛋饼，切丝备用。

4 取一张馄饨皮，中间包入一点馅料，加入一个虾仁块，包成馄饨形状（图1～图6）。

5 锅中倒入水，大火煮沸后下入菠菜焯烫20秒，捞出过凉。

6 锅中加水煮沸，下入包好的馄饨，再次煮沸后改小火煮2分钟，下入菠菜和鸡蛋丝，关火。

7 在碗里放入所有碗汁料，将煮好的馄饨盛入即可。

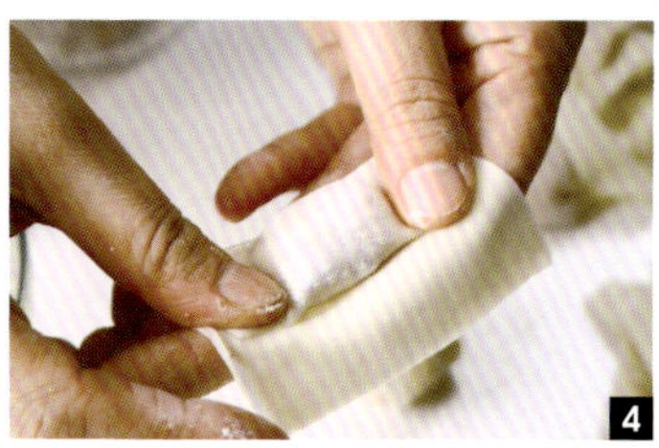

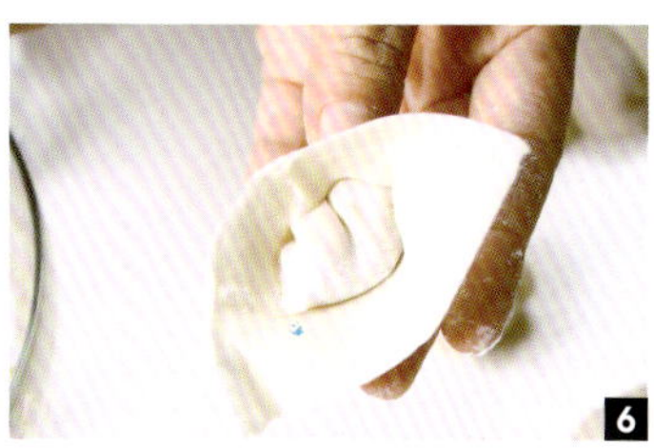

温馨小提示

* 菠菜要焯烫，并且再次用凉水清洗干净，否则会有土腥味。

材料
Ingredients

［馅料］

猪肉馅	150克
虾仁	100克
花椒水	15毫升
姜	3克
料酒	5毫升
生抽	5毫升
老抽	2毫升
胡椒粉	少许
蚝油	10毫升
盐	2克
葱	5克

［配料］

馄饨皮	200克
菠菜	100克
鸡蛋	1个

［碗汁］

紫菜	少许
虾皮	少许
盐	2克
香油	5毫升
生抽	2毫升
醋	2毫升

Delicious Food

水晶虾饺

做法

1 把鲜虾剥去外皮，剔除沙线（图1），然后在虾仁中加点小苏打抓拌均匀，再用水清洗干净，沥干水分后，一半切碎剁成泥状，另一半切成大块。

2 将荸荠切成碎末，猪肥肉切成小丁，加入虾肉泥中，再加入盐、白糖、胡椒粉、姜末、鱼露、香油搅拌均匀（图2）。

3 将澄面和生粉混合，倒入新烧好的开水（将生粉和澄面烫熟），边倒边搅拌均匀，再揉成表面光滑的面团，放入保鲜袋中，以保持面团的湿度和温度。

4 将泡软的粽子叶或荷叶垫入蒸笼。

5 把面团搓成长条，切成小剂子，压扁擀成薄片，包入拌好的虾馅，再放上一大块虾肉，将边缘捏紧成饺子形状（图3）。

6 将饺子放入蒸笼，水开后大火蒸10分钟左右即可（图4）。

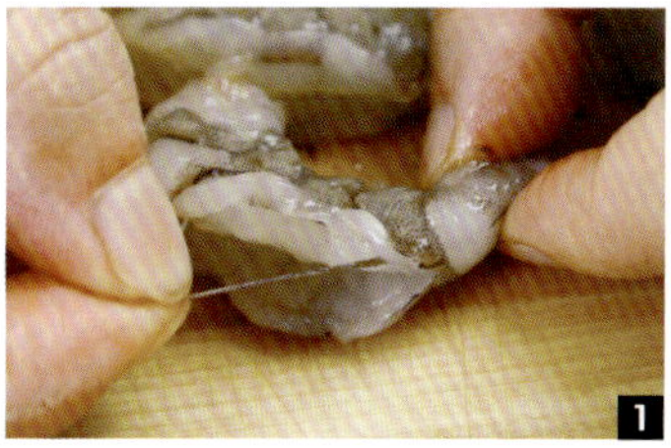
1

2

3

4

温馨小提示

* 洗虾仁时加点小苏打，可以去除虾仁表面的黏液，也可去腥解腻，并使虾仁更加透亮、有弹性。
* 馅料中加入肥肉，可以使虾肉更滋润，加入荸荠或者藕丁等，可以增加香脆口感。
* 澄面包出的皮很透亮，加入生粉可以增加面团的黏性，面团必须尽快用，否则会变干不好包，包得慢的话，要将大部分面团放入保鲜袋保湿。

美食物语

▶ 水晶虾饺是广式茶楼里的经典小吃。半透明的水晶皮绝对是中国人的独创。

材料 Ingredients

［馅主料］

鲜虾	400克
猪肥肉	50克
荸荠	10克
小苏打	适量

［馅调料］

盐	4克
白糖	2克
胡椒粉	1克
鱼露	1毫升
香油	3毫升
姜末	少许

［面皮料］

澄面（小麦淀粉）	120克
生粉（土豆淀粉）	50克
水	170毫升

［其他］

粽子叶	3张

鲅鱼馅饺子

做法

1 将饺子皮的材料混合均匀，揉成光滑的面团，盖湿毛巾放入密封处饧30分钟。

2 韭菜择洗干净，沥干水分备用；鲅鱼去除内脏和头尾，清洗干净，沥干水分。

3 花椒冲洗一下，加热水混合，晾凉成花椒水备用；葱洗净切段，姜洗净拍破，放在容器中，加入250毫升水混合成葱姜水备用。

4 鲅鱼放置在砧板上，用刀将鱼中间的骨头和肉分离开，将主刺骨剔除，用镊子将鱼肉中的小刺拔干净，最后用勺子将鱼肉一层一层慢慢刮下来，放在大一点的容器中。

材料 Ingredients

[饺子皮]

面粉	400克
盐	2克
水	210毫升

[馅主料]

净鱼肉	400克
肥肉馅	80克
韭菜	150克

[馅调料]

花椒	15粒
热水	60毫升
葱	半根
姜	1小块
水	250毫升
白胡椒粉	2克
盐	4克
生抽	20毫升
黄酒	20毫升
鸡蛋	1个
香油	20毫升

5 刮下来的鱼肉中依次加入肥肉馅、白胡椒粉、生抽、黄酒和盐，然后逐次加入葱姜水，每次约2～3勺，每次加都不断搅打至鱼肉上劲，让葱姜水完全被鱼肉吸收；每斤鱼肉可吸收葱姜水200～500毫升左右；加完葱姜水后，分次加入花椒水，每次都搅打均匀至鱼肉紧致，最后加入鸡蛋清搅拌均匀，再加入香油搅拌均匀，搅拌得好的肉馅应该是柔软而有弹性的。

6 韭菜切好，放在馅上面，不要搅拌，等包的时候，包一点搅拌一点，这样可以防止韭菜出水。

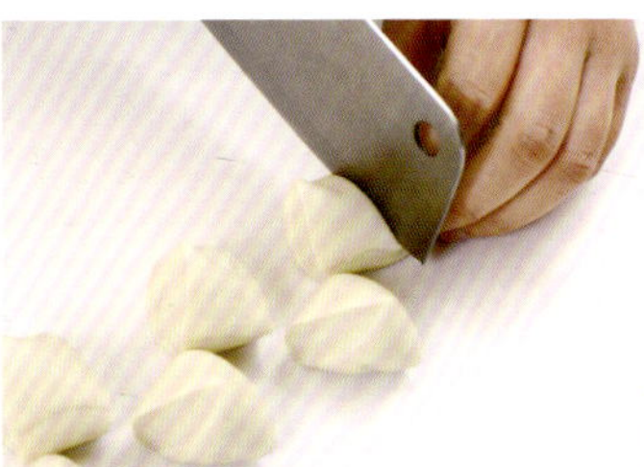

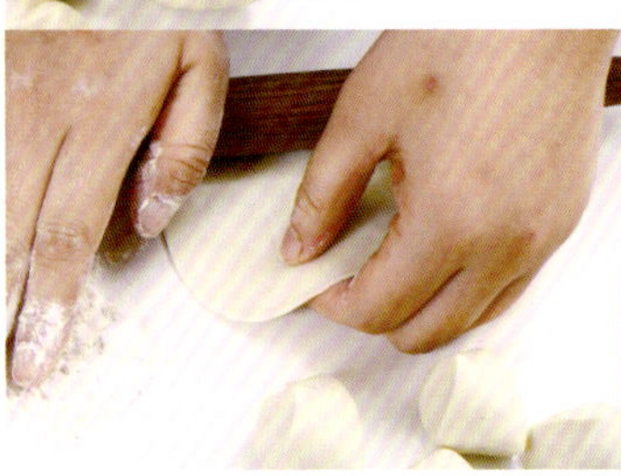

7 面团饧好后，分成小剂子，擀皮，包入馅料捏成饺子。

8 锅中倒入水，大火烧沸后放入饺子，马上用勺子搅拌防止粘底，然后盖上锅盖，再次煮沸后倒少许凉水，再开盖小火煮2分钟即可。

温馨小提示

* 鲅鱼在菜市场有好几种，有比较大个的台鲅和小个的燕鲅，大的一般是冰鲜的，比较贵，腥味小，肉质细腻，肉的颜色比较白，更好吃；小个的比较便宜，肉质稍稍粗糙些，肉的颜色发红。
* 鱼肉馅的饺子要做好去腥的处理，鲜的鱼肯定腥味小，加入料酒或者少量的花椒水可以去腥，但花椒水过多会掩盖鱼的鲜味，要适量。另外，用葱姜水代替水打入到馅中能使馅的口感更嫩滑。
* 在搅打肉馅时，最好用手或者木制勺子、铲子搅拌，或用手抓匀更好，金属的器皿摩擦会影响鱼肉的味道。
* 鲅鱼饺子是胶东地区的特色美味，新鲜的鲅鱼少刺多肉，最适合做馅。鱼肉较瘦，一定要配点肥肉增加润度，再打入大量的水分，口感才会鲜嫩。

Delicious Food

疙瘩汤

做法

1 海米洗净，加水浸泡2分钟；鸡蛋打散备用；番茄洗净切丁；小油菜洗净沥干。

2 将水慢慢加入面粉中，边加边用筷子快速搅拌，使面粉成碎颗粒状的面疙瘩（图1～图2）。

3 炒锅内加植物油，油温热后放入香葱末和海米，煸炒出香味，放入番茄丁炒至变软（图3）。

4 往锅中加入400毫升清水，煮沸后倒入面疙瘩（图4）。

5 加入盐和生抽调味，将打散的鸡蛋倒入锅中，加入小油菜烫熟，再淋入香油即可（图5～图6）。

温馨小提示

* 搅拌面疙瘩时水要流细点，再搅拌得快点，疙瘩就会又细小又均匀。
* 疙瘩汤的浓稠度根据水的多少来调整，青菜的品种可以随个人喜好酌情变换。

美食物语

疙瘩汤代表了中国北方家庭简朴、实在的饮食特点，用料便宜，制作简单，既能当主食又可当汤羹。虽说平淡无奇，但真正是好吃又营养，常吃还可以养胃。

材料 Ingredients

［主料］

面粉	100克
水	35毫升

［汤料］

植物油	20毫升
香葱末	5克
海米	5克
番茄	1个
盐	2克
生抽	5毫升
清水	400毫升
鸡蛋	1个
小油菜	50克
香油	5毫升

Delicious Food

炒肝

做法

1 猪大肠先冲洗几遍，将内面翻过来剪掉多余油脂，在内面撒上碱面揉搓干净，再仔细冲洗干净，最后在加了白醋的清水中浸泡10分钟，再用水冲洗几遍即可（图1）。

2 将猪肝洗净，切薄片后反复用清水浸泡几遍；20瓣蒜切末备用。

3 锅中加水煮沸，下入猪大肠焯烫1分钟捞出，再下入猪肝焯烫15秒捞出；将锅洗净，再加入水，放入料包和葱段、姜片、5瓣蒜，水开后放入猪大肠，大约煮25分钟，将猪肝片下入锅中煮30秒，然后将猪大肠和猪肝片捞出，猪大肠从中间抛开切块备用。

4 取出锅中的料包，滤除葱姜蒜，用垫上厨房纸巾的过滤网将汤滤2遍（图2），将滤好的汤再倒入锅里继续加热，加老抽、盐、白糖调色调味，将淀粉和水混合成水淀粉，慢慢倒入汤中勾成浓芡，再下猪大肠和猪肝片（图3～图4），关火，放入蒜末即可。

温馨小提示

* 料包中的花椒、大料、桂皮、小茴香、葱、姜不可缺少，其他香料多少一两种均可。
* 过滤时垫厨房纸巾能很好地去除腥味和浮沫，如果有滤咖啡的纸网更好，可以替代纸巾。
* 炒肝出锅时，蒜末一定要多放，可以去腥味。

材料 Ingredients

［主料］

猪大肠	300克
猪肝	200克

［配料］

蒜	20瓣

［去腥除味调料］

食用碱面	2大勺
白醋	1大勺

［调料］

葱（切段）	1根
姜	5片
蒜	5瓣
老抽	15毫升
白糖	5克
盐	4克
淀粉	50克

［料包］

大料	2个
花椒	30粒
香叶	3片
草果	1个
桂皮	1块
小茴香	1/8小勺
丁香	3个
肉豆蔻	1个

Delicious Food

豆腐脑

做法

1 干黄花菜和干木耳提前30分钟用清水泡发，泡发后洗净，切丝；将内酯豆腐从盒中取出放入大碗，上锅蒸20分钟，蒸好后保温备用（图1～图2）。

2 葱切丝；姜切末；蒜压成泥；香菇洗净切丝。

3 炒锅加热，倒入植物油，油温热时加入葱丝、姜末煸香，下入黄花菜丝、木耳丝、香菇丝煸炒，再倒入约400毫升水，加老抽调色，加白糖、盐、生抽调味（图3～图4）。

4 中火煮沸后将水淀粉慢慢倒入锅中勾芡，将打散的鸡蛋液慢慢淋入汤中（图5），待蛋花漂起关火，将煮好的汤汁舀一勺浇在蒸过的热内酯豆腐上（图6），最后加韭菜花、蒜泥和腐乳汁即可。

温馨小提示

* 内酯豆腐口感很接近豆腐脑。
* 喜欢吃辣的还可以加些辣椒油。

美食物语

这个豆腐脑是北京的家常做法，浇的是咸鲜的卤汁。也可加炸黄豆、油辣子之类做成西北香辣风味的。

材料 Ingredients

[主料]

内酯豆腐	300克
干黄花菜	5克
干木耳	5克
香菇	4个
鸡蛋	1个

[调料]

葱	5克
姜	5克
植物油	30毫升
盐	2克
白糖	2克
老抽	3毫升
生抽	5毫升
水淀粉	40毫升
蒜	2瓣
腐乳汁	10毫升
韭菜花	2克

Delicious Food

锅贴

做法

1 往面粉中慢慢加入清水和成面团，用保鲜膜包裹饧30分钟备用。

2 将花椒和35毫升的水混合，微波炉加热20秒钟成花椒水备用。

3 将青笋去皮擦丝，挤干水分；香菇切末。

4 分三次将花椒水加入肉馅中，每加入一次都搅拌至水完全被肉馅吸收，再倒入料酒拌匀，将姜末、胡椒粉、生抽、老抽、盐加入肉馅，顺时针搅拌至肉馅上劲有黏性，最后加入香油拌匀。

材料 Ingredients

[面皮料]

面粉	200克
水	125克

[馅料]

猪肉馅	120克
青笋	200克
香菇	80克

[调料]

花椒	20粒
水	35毫升
料酒	5毫升
姜末	5克
胡椒粉	少许
生抽	10毫升
老抽	5毫升
盐	3克
香油	10毫升
植物油	10毫升
葱末	5克
淀粉	10克
水	60毫升

5 将香菇丁、青笋丝和葱末倒入肉馅中，先不搅拌。

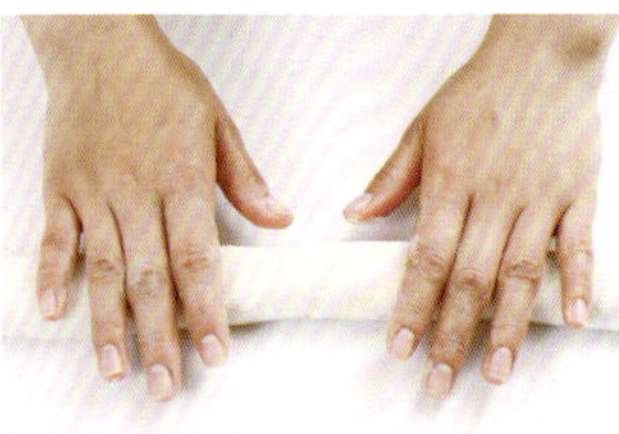

6 将饧好的面团再揉几下至表面光滑，搓成长条，揪成15～20克一个的小剂子。

7 将小剂子压扁，蘸些干面粉，像擀饺子皮一样用擀面杖将其擀成薄皮。

8 将馅料搅拌均匀，然后舀一点放在面皮中间，将面皮的中间捏住，两边的开口不封口。

9 平底锅中加少许植物油，抹匀，将锅贴逐个整齐地摆好，盖上锅盖，小火先煎2分钟，煎至底面上色后，将淀粉加水调稀，沿锅边倒入锅底一层。

10 盖上锅盖煎约2分钟，至水分完全耗干即可。

温馨小提示

* 锅贴的面团要稍微软点，冬季使用温水效果更好，另外也不用揉太久，饧30分钟就能让水分渗进面粉内部产生面筋从而有更好的韧性，饧的时候要盖湿毛巾或是放在密封盒中保持水分。
* 稀淀粉水倒在锅贴底部可以使其更加焦脆。

Delicious Food

油炸臭豆腐

做法

1 将臭豆腐表面的杂质洗净，注意不要弄碎（图1）。

2 将洗好的臭豆腐放在盘中，置于通风处风干（图2）。

3 将干红椒末、盐、酱油、香油、味精调匀成蘸汁（图3）。

4 锅置中火上，倒油烧至六成热，将豆腐块逐个入锅中炸香炸透，待炸至豆腐呈膨空焦脆时，捞出沥油，装入盘内，再用筷子在每块熟豆腐中间扎一个眼，蘸食味汁即可（图4～图6）。

1

2

3

4

5

6

美食物语

油炸臭豆腐具有远处闻起来臭，吃起来闻到香这样一种“远臭近香”的特点，加上调料，吃起来香辣味美，别有一番风味。总体特征是：外焦、内嫩、香辣。

材料 Ingredients

［主料］

臭豆腐	8块

［调料］

植物油	100毫升
酱油	5毫升
干红椒末	2勺
香油	少许
盐	3克
味精	2克

PART 4

唤一声宫廷小吃，答一句您嘞吉祥

老祖宗留下的“吃食儿”

Delicious Food

驴打滚

做法

1 炒锅中放入黄豆翻炒，锅热后中火改小火，炒至黄豆颜色变深略带褐色、表皮裂口时关火，放凉，将脱落的皮和个别炒煳的豆子挑掉，用干磨机将炒熟的黄豆搅打成粉末，过筛备用（图1）。

2 在糯米粉中倒入适量的清水，边倒边搅拌成比较浓稠且顺滑无结块的面糊。

3 在蒸锅的笼屉上放一块湿屉布，把面糊倒在屉布上，盖上盖，水开后大火蒸10～12分钟（图2）。

4 将筛好的黄豆粉均匀地撒一层在台面上，放上蒸好的糯米团摊好，在面团表面撒一层黄豆粉，擀成薄厚均匀的片状，将面片翻过来，把豆沙馅均匀地涂在面片上，从一端往里卷成卷，将收边处捏紧（图3）。

5 用手将糯米卷整理成粗细均匀的条状，用刀切成3厘米宽的小段即可（图4）。

1

2

3

4

温馨小提示

* 如果买现成的黄豆粉要先倒入平底锅小火热透，成品味道更香。
* 糯米粉根据品牌不同，加入的水量稍稍有点变化，要看浓稠状态来判断。
* 自制的豆沙可以做得更干，成型比较漂亮，也可以自行调节甜度。
* 驴打滚常温保存即可，不要放在冰箱里，否则口感会发硬。

美食物语

驴打滚的大名叫“豆面糕”，是北京小吃家族中的老字辈。它源于满族，喜吃黏食是满族人的传统，因为满族狩猎常常早出晚归，吃黏食耐饿，“驴打滚”就是在两百多年前从黏食中演变出来的一种大众化小吃。由于清朝的八旗子弟爱吃黏食，“驴打滚”很快就传到了北京，成为北京风味小吃，口感香、甜、黏，有浓郁的黄豆粉香味儿。

材料
Ingredients

黄豆	100克
糯米粉	150克
水	170毫升
豆沙馅	100克

Delicious Food

艾窝窝

做法

1 糯米洗净，在水中浸泡2小时以上，最长可隔夜。

2 把面粉放在微波炉里高火加热3分钟至成熟面粉，加热后的面粉会结块变硬，需要用擀面杖把面块擀平，再过筛备用。

3 将浸泡好的糯米隔水蒸成糯米饭，用勺子用力搅拌，增加糯米饭的黏性（图1）。

4 将糯米饭放在保鲜膜上防粘，用手按扁并来回折叠几次（图2），拌和成黏性好的糯米饭团。

5 将糯米饭团搓成长条状，揪成20克左右一个的小剂子，小剂子粘上熟面粉防粘，压扁后包入10克左右的豆沙馅，包裹收口朝下整成圆球状即成艾窝窝（图3～图4）。

6 最后，将樱桃或枸杞子切成小块进行装饰即可。

1

2

3

4

温馨小提示

* 面粉也可以用蒸锅蒸熟，注意表面要覆盖屉布防止水蒸气进入面粉，蒸15分钟左右即可。
* 糯米圆的比长的更黏、更软、更甜腻，做甜食多用圆糯米；长糯米有清香味，甜度稍低，通常用做咸食。搅拌、折叠糯米饭都是为了让糯米面团变得更有弹性，口感更加绵软。
* 糯米团会很黏，包裹豆沙馅时，除了要粘熟面粉防粘，速度也要快，慢了就会粘手；码盘时，也要先在盘子上撒好熟面粉。

美食物语

北京艾窝窝，是一款闻名全国的清真小吃。很喜欢它这可爱的名字，据传明代就有了，那时紫禁城里“储秀宫”居住的妃子吃到回族厨师做的这种小点心，称其不仅“色雪白”而且“味甘甜”，称赞其为“御艾窝窝”，后来这道点心流传到民间，百姓不敢说“御”，就叫它“艾窝窝”了。

材料 Ingredients

［主料］

糯米 200克

［配料］

面粉 50克

豆沙馅 50克

［其他］

装饰樱桃或枸杞子 适量

Delicious Food

奶黄包

做法

1 将面皮材料混合，揉成光滑的面团，盖湿毛巾饧发至原来的2倍大（图1）。

2 做奶黄馅：将鲜奶油、椰浆和白糖混合均匀，加入鸡蛋液搅拌均匀，加入澄面、奶粉和吉士粉搅拌成蛋奶糊。

3 将蛋奶糊小火加热，加入融化的黄油，一边加热一边快速搅拌，直到搅拌成比较干的团状，关火，继续搅拌片刻让其降至温热（图2）。

4 将发酵好的面团平均分成7份，每个小面团揉圆，再盖湿毛巾饧5分钟。

5 饧好的面团压扁，擀成片，包入适量的奶黄馅，将收口收紧，再揉圆即成奶黄包坯（图3～图4）。

6 奶黄包坯放入蒸锅，再饧15分钟使其膨大，大火加热至水沸腾，再改小火蒸20分钟即可。

1

2

3

4

温馨小提示

* 面团发酵根据温度和湿度的不同，大概需要40～70分钟，最理想的发酵温度是30℃，湿度是75%。可以在微波炉等密封的地方放一盘热水，然后放上网架，将面团的容器放在网架之上，比较有利于发酵。
* 加热奶黄馅时，一定要小火并且快速搅拌，防止馅料结大块。

美食物语

广东人早茶的精致，被奶黄包体现得淋漓尽致——面皮洁白如雪、光滑如脂，入口绵软如云，奶黄馅则香味浓厚、细腻绵滑。虽说只是一笼早点，却有一种其他中式面点少有的优雅气质。

材料 Ingredients

［面皮料］

面粉	250克
酵母	3克
泡打粉	1克
温水	125毫升

［馅料］

鲜奶油	80克
椰浆	20毫升
鸡蛋	2个
白糖	60克
融化的黄油	20毫升
澄面	50克
奶粉	10克
吉士粉	20克

糖火烧

1

2

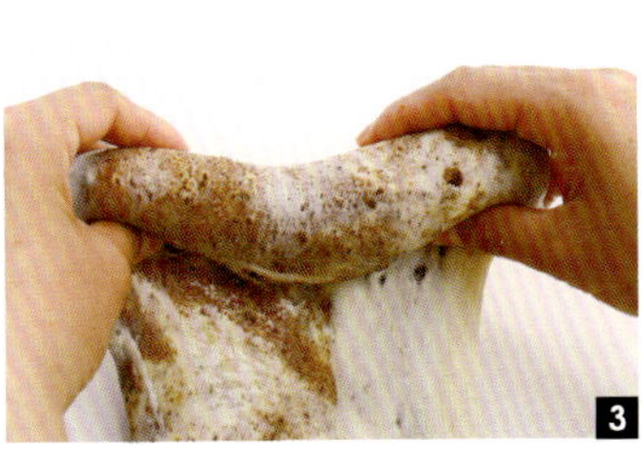
3

4

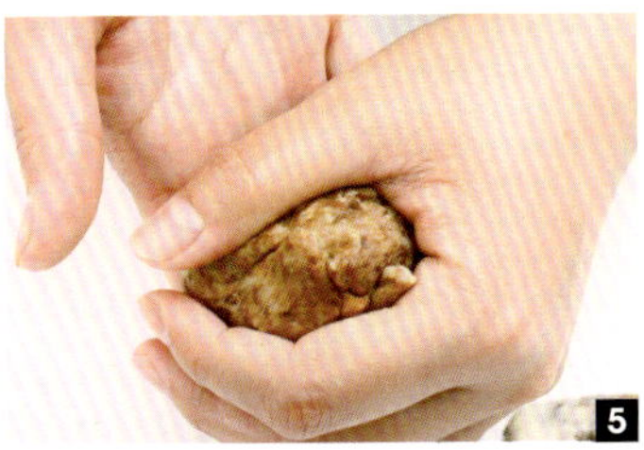
5

6

美食物语

▶红糖要新鲜，芝麻酱也要柔软，这样可以更好地涂抹在面片上；卷糖卷时，边卷边抻拉可以使每层更薄更有层次。

做法

1 面粉中加入小苏打，搅拌均匀，慢慢加入水混合搅拌，再揉成比较软的面团，在表面涂层植物油后放入容器中，盖上湿毛巾饧30分钟左右。

2 将芝麻酱倒入红糖中，充分搅拌均匀（图1）。

3 在操作台台面上涂点植物油防粘，将饧好的面团压扁，擀成厚为0.7～0.8厘米的长方形面片。

4 将搅拌好的红糖芝麻酱均匀地涂抹在面片上，将面片从一端往里卷，边卷边抻面，这样能卷出更多的层次（图2）。

5 把卷好的面团再擀薄，再从一端往里卷，卷到中间时切开，将另一半也按同样的方法卷成卷（图3）。

6 将面卷用刀切成4～5厘米长的段，把露馅两端的外圈面皮挤向中间并捏紧封口，然后压扁成饼状（图4～图6）。

7 在烤盘上垫一块布或不粘的纸，把做好的面饼放在烤盘上，然后放入烤箱中，用170～180℃的温度烤25～30分钟即可。

材料 Ingredients

［主料］

面粉	300克
水	180毫升

［配料］

小苏打	0.5克
红糖	150克
芝麻酱	180克
植物油	10毫升

Delicious Food

麻团

做法

1 将汤圆粉、面粉和泡打粉混合均匀成混合面粉；白糖放入温水化成糖水。

2 黄油加热融化，倒入混合面粉中，再倒入糖水，搅拌成团后揉成光滑的面团，包裹保鲜膜饧10分钟。

3 将饧好的面团搓成长条，揪成大小均匀的12份，分别揉成球状。

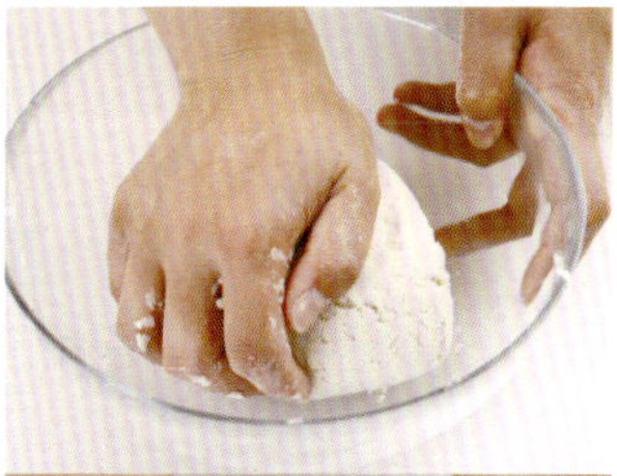

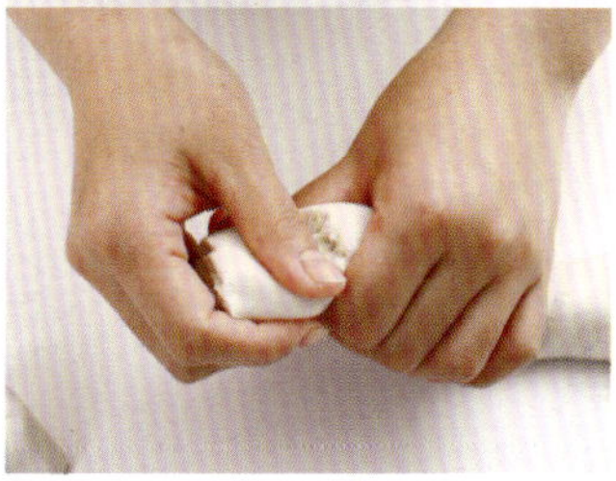

4 将白芝麻倒入容器，搓好的面球蘸点水，在芝麻盘中滚一圈蘸满芝麻，再用手揉紧一点成麻团坯。

5 锅中倒入植物油，烧至五成热时放入麻团坯，小火炸至麻团漂起，表面金黄。

6 将炸好的麻团捞出，放在吸油纸上吸去多余的油即可。

美食物语

麻团又叫“煎堆”，是广东及港澳地区常见的贺年食品，有“煎堆辘辘，金银满屋”之意，还可以在面团里加椰蓉、豆沙做馅。麻团外脆内糯，甜香可口，趁热吃口感才香脆，但不能吃太多，以免消化不良。

材料 Ingredients

[主料]

白糖	50克
温水	200毫升
汤圆粉	200克
面粉	50克
泡打粉	5克
黄油	15克

[配料]

白芝麻	50克

[其他]

植物油	350毫升

Delicious Food

黑芝麻汤圆

做法

1 将熟黑芝麻用研磨器磨成粉，跟白糖和猪油混合成团，如果不易成型可以冷冻10分钟，再分成小个的圆球，大小可随意，但一定要均匀（图1～图2）。

2 将温水慢慢加入糯米粉中，边加边搅拌，和成团后揉成柔软的面团，再分成小份，每个小面团压扁包入黑芝麻馅再封好口，揉圆即成汤圆（图3～图5）。

3 锅中加水大火煮沸，下入汤圆大火煮（图6），中间轻轻地推一推，以免汤圆粘锅，煮到汤圆都浮起来，点一次凉水，再次煮沸即可关火。

1

2

3

4

5

6

温馨小提示

* 汤圆粉或者糯米粉都可以做汤圆。
* 做汤圆皮时，水的温度不一样用到的分量也不同，只要能和成面团就行。
* 包好的汤圆一次煮不完，可以装入密封容器，用冰箱冷冻保存。

美食物语

有资料说汤圆起源于宋朝：当时各地兴起吃一种新奇食品，是用各种果饵做馅，外面用糯米粉搓成球，煮熟后，吃起来香甜可口，饶有风味。因为这种糯米球煮在锅里又浮又沉，所以它最早叫“浮元子”，后来有的地区把“浮元子”改称元宵。现在的汤圆和元宵是两种做法，汤圆是用糯米粉和成皮，包馅，水分更大，口感更软糯；元宵是做好馅料后放在糯米粉中滚成，口感稍干。

材料
Ingredients

［主料］

糯米粉	150克
40℃温水	100毫升

［馅料］

熟黑芝麻	60克
白糖	45克
猪油	25克

Delicious Food

五仁元宵

做法

1 将干果炒熟或者加热烘烤熟，使其更香，然后放入研磨机磨成粉末，如果喜欢有颗粒可以打得粗一些。

2 加入切碎的葡萄干，跟白糖、猪油和熟面粉混合，揉搓成团，然后分成小块，揉圆，如果太软可以放入冰箱冷冻10分钟定型（图1）。

3 将一半的糯米粉放入一个稍微大点的容器，同时用另外一个容器盛多半盆清水，再准备一个笊篱。

4 将馅放入笊篱，然后快速放入水盆中捞起，让馅沾些水，然后倒入糯米粉的盆中，接着晃动容器，让每个馅都均匀地蘸满一层干粉（图2～图4）。

5 接着再重复上一步，中间没有糯米粉时将剩余的加入到容器中，摇的次数越多皮越厚。

6 烧一锅水，水开后加入元宵，用勺子搅拌防止粘底，然后盖盖儿焖煮，水煮沸后点一些凉水，水再次煮沸后再点一次凉水，如此点两次凉水并煮沸即可。

1

2

3

4

温馨小提示

* 元宵的馅很多人喜欢减少白糖和猪油的分量，如果太干不易成型，可以加入一些蜂蜜或者糖桂花。
* 摇好的元宵要冷冻定型，一次煮不完，剩下的要密封冷冻，能保存约1个月。

美食物语

▶ 摇元宵时，糯米粉最好分两三次放入容器，因为很多次地加入沾水的馅，糯米粉很容易沾上水滴变成硬块，不容易裹在元宵上，会造成不必要的浪费。

▶ 最后的步骤糯米粉越来越少，可能摇不起来了，那就用手替代吧。

材料
Ingredients

[元宵皮]

糯米粉 600克

[五仁馅]

核桃、花生仁、瓜子仁、白芝麻 共80克

葡萄干 20克

猪油 40克

白糖 60克

熟面粉（用微波炉加热1分钟即可） 10克

Delicious Food

姜汁撞奶

材料 Ingredients

[主料]

鲜姜汁	150毫升
牛奶	500毫升

[调料]

白糖	适量

做法

1 将牛奶、白糖入锅中煮沸，熄火，不停搅动，待温度降至80℃左右，将牛奶自高处快速倒进盛有姜汁的碗内，轻轻搅拌几下（图2～图3）。

2 5分钟以后，牛奶和姜汁就会很神奇地凝固成豆腐花状，即可食用（图4～图6）。

温馨小提示

* 一定要用全脂牛奶，低脂、脱脂牛奶和奶粉都不行。

美食物语

▶ 喜甜的朋友可以尝试在奶冻上面挤了果酱上去，吃的时候配上酸酸甜甜的果酱，别有一番风味。

Delicious Food

双皮奶

做法

1 将牛奶加白糖煮沸，倒入碗中，待碗中的牛奶凉后生成一层奶皮，轻掀开奶皮的一角，把碗内的牛奶再倒进锅内（图2）。

2 将牛奶加蛋清拌匀，再徐徐注入到碗中的奶皮下面，再次上笼蒸3分钟，牛奶会产生第二层奶皮，即成“双皮奶”（图3）。

3 把红腰豆、莲子浸泡6小时，入碗中，加清水、白糖，入笼蒸30分钟至腰豆、莲子变得软糯。

4 蜜糖、糖浆入锅中加热，加入红腰豆和莲子一同烩制好，放到蒸好的双皮奶上，装饰上红车厘子即可（图4）。

温馨小提示

* 双皮奶的精华就在于它的奶皮上，因为奶皮中含有丰富的蛋白质，钙和磷等微量元素。无论夏天还是冬天，热的还是冻的，都可食用，味道都一样甜美、醇香。

美食物语

▶ 双皮奶白而滑，给人一种温柔的感觉；香气浓郁，奶味浓。双皮奶入口香滑，口感细腻，像婴儿的皮肤一样滑，像妈妈的抚摸一样温柔,每品尝一口都有幸福的味道。

材料 Ingredients

［主料］

牛奶	200毫升
红腰豆	20粒
莲子	8粒
红车厘子	1粒

［调料］

白糖	15克
蛋清	1个
蜜糖	1勺
糖浆	少许

豆沙凉糕

Delicious Food

做法

1 糯米清洗后加水浸泡2小时以上，放入蒸锅中蒸30分钟，放凉后备用。

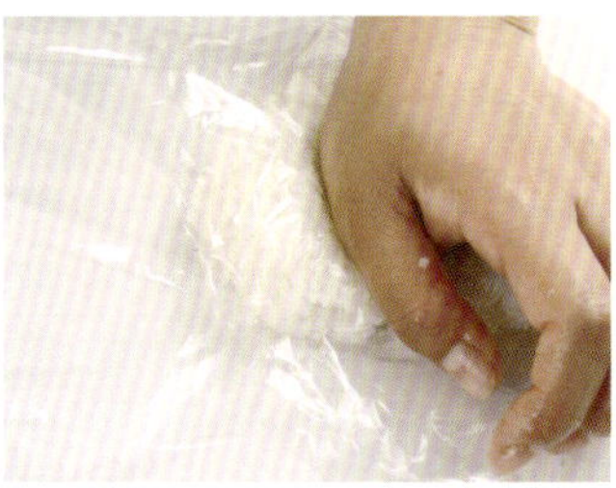

2 将放凉的糯米倒入保鲜袋中，反复按压揉搓几遍。

3 将揉搓好的糯米平铺在屉布上，将其整理按压成约1厘米厚的长方形片状，切成两块，一块铺上豆沙馅，用另一块盖在上面，压紧实，切成小块。

4 红枣煮5分钟，去核切片在表面做装饰即可。

美食物语

糯米，也有的地方称为“糯米”，营养很丰富，是温补强壮的食品，具有补中益气，健脾养胃，止虚汗之功效，并且对食欲不佳，腹胀腹泻有缓解作用。糯米常用来制作各种甜食小吃，像年糕、元宵、粽子、艾窝窝、八宝饭、糯米藕等。夏天的时候，做个凉糕，香糯绵滑，配上红豆沙，清凉爽口，而且做法超级简单，只要蒸熟、整形两个步骤就能搞定。

材料 Ingredients

［主料］

糯米	200克
水	150毫升

［配料］

豆沙馅	200克
红枣	10颗

温馨小提示

* 糯米很黏，切前刀先沾些清水可以避免粘刀。
* 糯米反复揉搓几遍才会更有弹性。

Delicious Food

炸糕

材料

Ingredients

糯米粉	225克
面粉	25克
酵母	8克
温水	180毫升
豆沙馅	300克
植物油	400毫升

做法

1 将糯米粉、面粉、酵母混合均匀，加温水搅拌成面团，饧发25分钟（图1～图2）。

2 将饧发好的面团搓成条状，分成等份的小剂子（图3）。

3 把小剂子逐个按扁，包上豆沙馅，收口捏紧，揉圆后再稍稍按扁（图4～图5）。

4 锅中倒入植物油，小火加热至油温五成热时放入包好的炸糕坯。

5 炸至两面金黄色时，捞出沥油即可（图6）。

温馨小提示

* 糯米粉面团会比较吸水，水量比一般的面团要多些，用40℃左右的温水更好。
* 炸制时，炸糕会互相粘连，要及时用筷子将其分开。

美食物语

炸糕是天津传统特色小吃，与狗不理包子、桂发祥麻花并称“津门三绝”。天津炸糕的品牌是“耳朵眼儿”，起源于晚清光绪年间（1900年）。地道的天津炸糕，咬一口后，要黄白黑三色分明：黄的是炸焦黄的外皮；白的是糯米的皮料，有嚼头，又不粘牙；黑的就是甜甜的豆沙馅。最关键的在白的那部分，不能太厚，也不能太薄。

Delicious Food

糖不甩

做法

1 红薯泥和糯米粉混合，揉成光滑的粉团，觉得干可以加入15毫升水，使面团更柔软（图1～图2）；熟花生仁擀碎。

2 将红薯糯米面团分成小份，搓成小圆子，一次吃不完可以冷冻起来（图3）。

3 锅中加入水，大火煮沸，加入圆子改成中火，煮至圆子浮起捞出按压有弹性即可（中间可加入一次凉水）（图4）。

4 片糖用120毫升的水煮至融化，加入煮好的圆子再煮至糖汁有点黏稠即可（图5～图6）。

5 将糖汁连同圆子盛出，表面撒些熟花生仁碎即可。

1

2

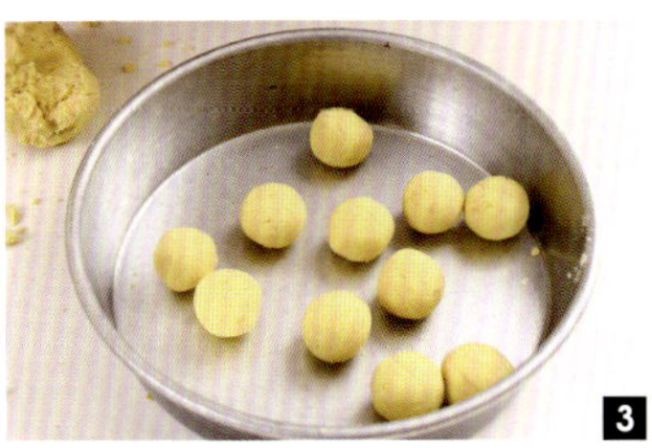
3

4

5

6

温馨小提示

* 熟花生打碎前用平底锅以小火加热一下，香味会更浓。
* 片糖在超市和菜市场的调味料摊位都有售，如果没有可以用红糖代替。
* 糖不甩因为没有馅，可以做得小一些，太大不好吃。

美食物语

糖不甩又叫“如意果”，口感酥滑香甜、醒胃而不腻，是汤圆的孪生兄弟，如果加入姜汁还可以祛寒正气。要做出地道的糖不甩，粉团必须搓得滋润发光，有韧性、无粉粒、不粘手才行。

材料 Ingredients

熟花生仁 30克
蒸熟的红薯泥 200克
糯米粉 100克
片糖 80克

Delicious Food

桂花糯米藕

做法

1 糯米清洗，浸泡1小时以上，捞出沥干。

2 藕洗净去皮，然后取一边切下2厘米为盖（图1）。

3 将泡好的糯米用小勺装进藕洞里，一边装一边拍或抖，让糯米稍紧实（图2）。

4 灌至八分满后，将盖盖上，用牙签扎住固定（图3）。

5 锅中倒入适量清水，放入藕，水以没过藕为准，放入红糖和红枣，小火煮90分钟（图4～图5）。

6 捞出放凉，切片，再淋上蜂蜜和糖桂花即可（图6）。

温馨小提示

* 糯米煮后会膨胀，装入藕节时不用太满。
* 红枣如果是蒸熟或煮熟的更好，不仅漂亮也更甜更好吃。
* 用高压锅做可以更省时间，大约30～40分钟就能炖好。

美食物语

桂花糯米藕是中国江南一带的经典甜品。金陵南京四大最有人情味街头小吃中，桂花蜜汁藕占有一席之地，另三个分别是桂花糖芋苗、梅花糕、赤豆酒酿小圆子。从营养价值上来讲，这道清香软糯的可口甜品，有补血，补气，养胃，美颜的功效，可算是小吃中的养生极品啦！

材料
Ingredients

［主料］

藕两节	约500克
糯米	200克

［配料］

红糖	80克
红枣	10颗
蜂蜜	30克
糖桂花	15毫升

Delicious Food

燕翅排叉

做法

1 将面粉和盐混合均匀，再把食用碱面和少量的水混合搅匀后倒入混好盐的面粉中，再把剩余的水也慢慢加入到面粉中，边加水边不断搅拌，再加入黑芝麻拌匀（图1），揉成光滑的面团，包裹保鲜膜饧20分钟。

2 饧发好的面团揉成长条，再切成等份的小块。

3 淀粉撒在操作台面上防粘，将小面团按扁，擀成椭圆形的薄片，将面片纵向从中间切断。再分别在切开的面片上竖着各划三个切口，两个一组，从划开的切口处，交叉穿插成燕翅形（图2～图5）。

4 锅中倒植物油，烧到六成热时将整好形的排叉放入油中，中火慢慢炸至金黄色，捞出沥油即可（图6）。

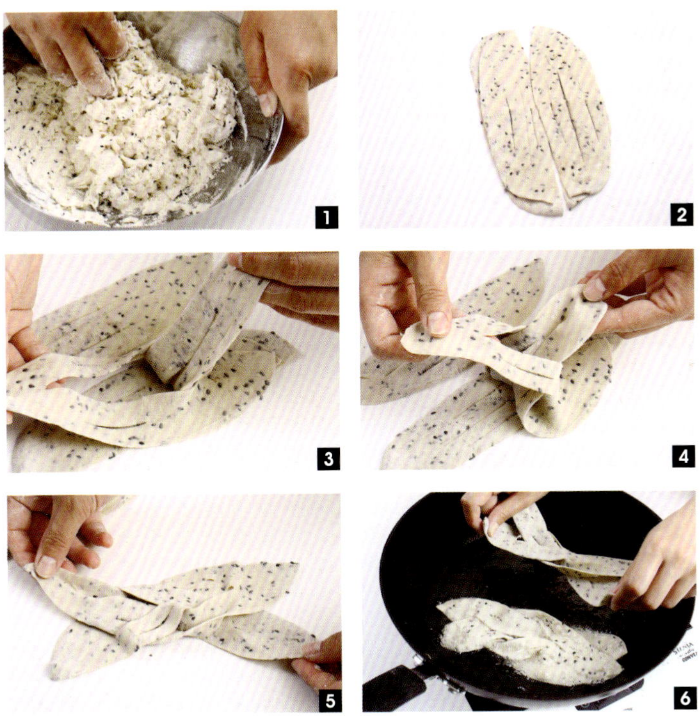

温馨小提示

* 排叉的面团要和得偏硬一些，炸出后才会酥脆。
* 炸好的排叉要等凉后再吃，否则会烫伤，口感也不脆。

美食物语

▶排叉酥脆可口，甜咸可以根据自己的口味而定。这道燕翅造型的排叉，是我跟一位阿姨学的，这位阿姨原来是北京隆福寺小吃的面点师，你也跟着试试吧。

材料 Ingredients

食用碱面	1克
水	120毫升
面粉	250克
盐	2克
黑芝麻	3克
淀粉	20克
植物油	400毫升

Delicious Food

油炸馓子

做法

1 将面粉加盐入容器中，加凉水调和，反复揣揉3次，用湿布盖好，饧发1小时（图1）。

2 将面团揉匀抻成条，放入有多量油的容器中，要整齐均匀地盘放（图2）。

3 将面条缠绕在左手上达20～40圈，再用两根竹筷撑开，使其变细，入油锅中炸至酥脆即可（图3～图4）。

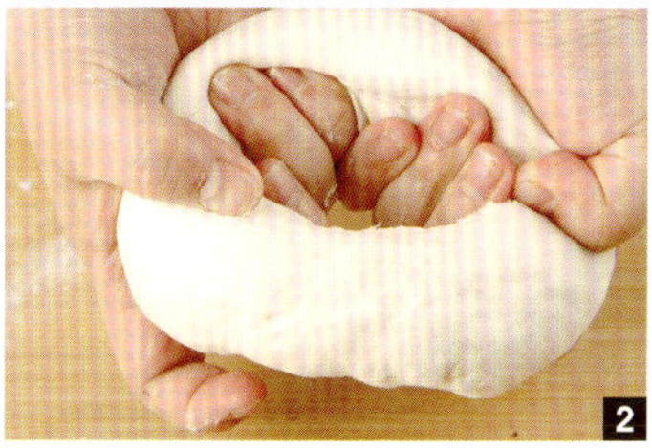

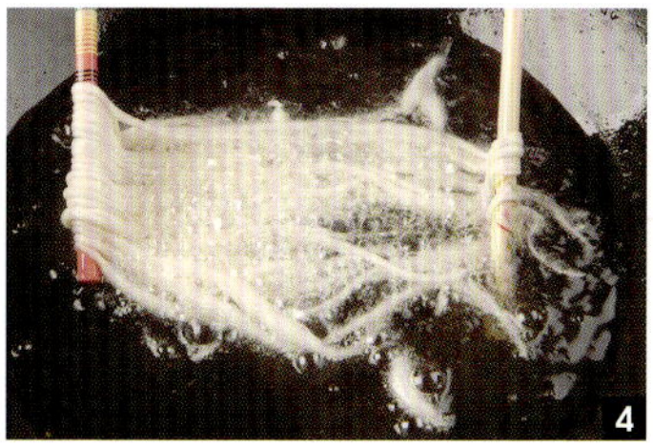

温馨小提示

* 面条一定要抻得细一些，并且粗细均匀，这样炸出的馓子才松脆，此外炸的时候油量要稍稍多一些，这样馓子易熟，且不会粘锅。

美食物语

馓子的历史是相当悠久的，据说最早是回民发明的，至今许多地区的人们仍都喜食这种传统的油炸食品，据说馓子也叫做“环饼”，古时叫“寒具”，在我国已有两千多年的历史。屈原在《楚辞·招魂》中就曾提到最古老的馓子，相传用馓子来招待君王的魂魄，可见其美味。

材料 Ingredients

[主料]

高筋面粉 200克

[调料]

植物油 100毫升

盐 适量

Delicious Food

糖卷果

做法

1 山药去皮，洗净，切成滚刀块；枣肉洗净沥干，跟山药块、面粉、白糖拌匀，铺平蒸35分钟左右成为馅料。

2 将干油豆皮轻轻铺开，表面盖湿毛巾捂5分钟，或者淋一点水，让油豆皮变软一点，把蒸好的馅料铺在油豆皮上（图1），用油豆皮包裹好馅料，用手将馅料卷紧（图2）；将包好的馅料放在湿笼屉布上，用布卷紧，然后整形成三角状，两端也拍打整齐（图3～图4），解开布，用刀把卷好的料切成1.5厘米的块，放入油锅中炸至两面金黄（图5～图6）。

3 将适量白糖和水一起放入锅中，熬5分钟成糖汁，浇在炸好的卷果上，最后再撒些白糖和枸杞子即可。

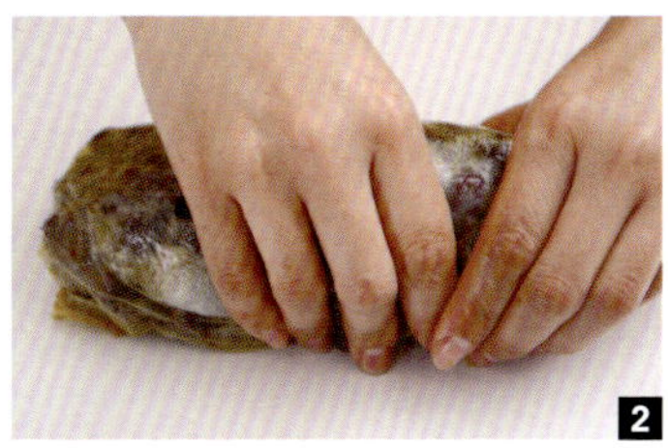

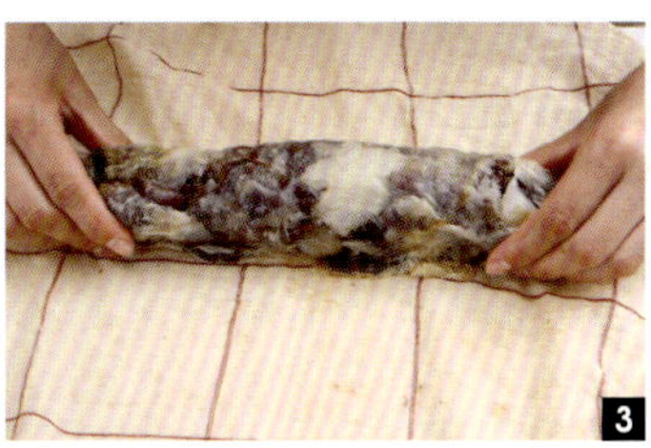

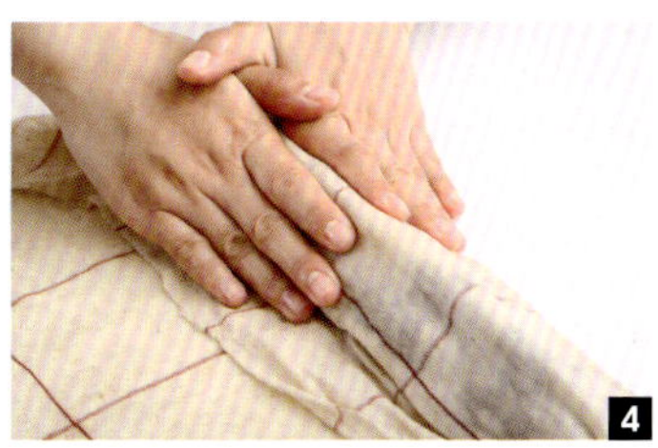

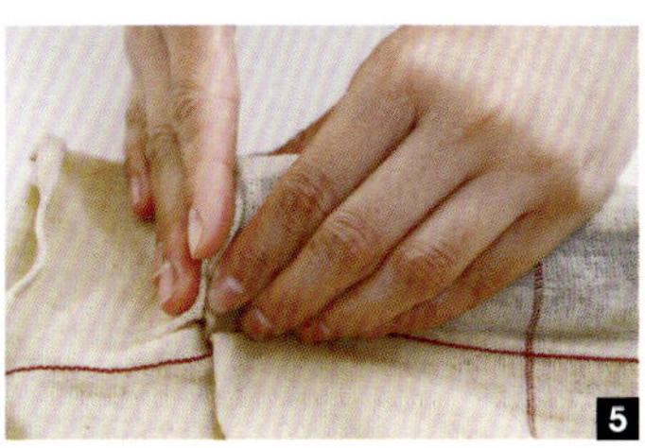

温馨小提示

* 整形卷果时要趁热操作，要尽量压紧才能出形状，并且时间不能太长，否则豆皮就会破。三角形糖卷果比较常见，方的、圆的也行。
* 最后炸制要注意时间和火候，山药和枣都是熟的，只需炸到金黄色就行。

美食物语

糖卷果不仅口感绵软香甜，还有很好的滋补作用，能益脾肺、养气血，同时，糖卷果还是丰肌泽肤的美容小吃。传统的北京糖卷果，是清真特色小吃，还会配青梅、金糕、桃仁、瓜子等。

材料 Ingredients

［主料］

山药	250克
去核小枣	250克

［配料］

面粉	80克
白糖	适量
油豆皮	2张
植物油	400毫升

［浇料］

枸杞子	适量
白糖	30克
水	55毫升

特产总汇
張飛牛肉
ZHANGFEIBEEF
味源三国 华夏一绝

PART 5

胃暖了，便不会那么想家

放不下的“家乡味儿”

Delicious Food

重庆串串香

材料 Ingredients

［主料］

海带结	100克
魔芋结	50克
生菜块	30克
毛肚	100克
油豆腐块	50克
蘑菇	适量

［调料］

麻辣火锅底料	1袋
老汤	500毫升
料酒	10毫升
白糖	5克
味精	3克
生抽	5毫升
花椒	3克
干辣椒	3克
香油	5毫升
陈皮	3克
大料	3克
桂皮	2块
草果	2个
丁香	少许
姜片	5克
蒜	3瓣
牛油	少许

做法

1 将牛油入锅中烧热，投入花椒、干辣椒、姜片、蒜爆香，然后放入四川麻辣火锅底料炒香，再倒入料酒略炒（图1～图3）。

2 将其余调料入锅中煲滚，装入沙锅中（图4～图5）。

3 将各种食材串上竹签，放入沙锅中烫至熟即可食用（图6）。

1

2

3

4

5

6

温馨小提示

* 麻辣火锅底料可以直接从超市买现成的，但一定要入油锅炒香、炒透。
* 串串香准备的食材并不拘泥，可以选择各种喜欢的蔬菜、豆制品和海鲜。

Delicious Food

川北凉粉

做法

1 将绿豆淀粉加水调匀后，慢慢地倒入沸水锅中，改小火慢慢煮，边煮边不断搅动（图1～图3）。

2 将锅中粉浆煮至呈完全变透明并伴有小泡泡腾状，起锅倒入方形器皿中，并置于凉水中浸凉、凝固，或放入冰箱快速冷凝（图4）。

3 吃时将凉粉倒扣在砧板上切成条或丝（图5～图6）。

4 食用时，拌以酱油、醋、蒜泥、味精、辣椒油即可（图7～图8）。

美食物语

寻踪溯源，追根究底。川北凉粉，创于蜀汉，兴于明清，盛于上世纪五十年代。靠川乡礼仪之邦，经二十八代传人之手，牵丝挂牌，制粉调汤，传承至今，其间，已有近两千年历史。

材料 Ingredients

[主料]

绿豆淀粉	100克

[调料]

蒜泥	5克
味精	3克
酱油	5毫升
醋	2勺
味精	少许

Delicious Food

龟苓膏

做法

1 将龟苓粉放入碗中，加适量清水搅拌均匀（图1～图2）。

2 锅置火上，加入适量清水，放入搅好的龟苓粉糊，边煮边搅，烧沸后熄火（图3）。

3 将煮好的龟苓粉水用过滤网过滤，入容器中冷却后入冰箱冷藏成冻状（图4～图5）。

4 食用时取出，切成丁、切块皆可，淋上蜂蜜搅拌均匀即可食用（图6～图8）。

1

2

3

4

5

6

7

8

美食物语

相传三国时，刘备新丧，南方诸郡的土著趁机起兵叛乱，诸葛亮亲自出马平乱，当时兵将多为北方人，初到南方水土不服，上吐下泻，严重影响战斗力，诸葛亮很焦急，急忙找来当地人问个究竟。当地人就说，气候湿热、多雾，于是便献上妙方，以乌龟、土茯苓熬汤饮用，诸葛亮令军士一试，大部分将士均痊愈。

材料
Ingredients

［主料］

龟苓粉 100克

［调料］

蜂蜜 适量

Delicious Food

蒸粉肠

做法

1 将调料一同入锅中，用小火煮沸，拣去葱段、姜片，过滤得酱汁（图1）。

2 将大米粉、太白粉、澄粉、蛋清混合，加水拌匀，过滤后即成粉肠浆（图2～图4）。

3 取大盘，铺入白纱布，倒入调好的粉肠浆，上笼蒸3分钟（图5～图7）。

4 将蒸好的粉肠取出，趁热卷成长条形，用刀切成3段后，放在盘中，浇上调好的酱汁即可。取出，切丁、切块皆可，淋上蜂蜜搅拌均匀即可食用（图8）。

1

2

3

4

5

6

7

8

美食物语

▶喜欢吃肉的朋友，可以在调好粉肠浆之后，加入剁碎的五花肉末，再上笼整；此外喜食辣椒的朋友可以在调料中加入朝天椒，味道也很独特。

材料
Ingredients

[主料]

大米粉	100克
太白粉	100克
澄粉	100克
蛋清	1个

[调料]

酱油	20毫升
鲜味露	1勺
鱼露	1勺
蚝油	1勺
白糖	5克
葱段	3克
姜片	2片
盐	5克
鸡粉	少许

Delicious Food

南昌炒米粉

美食物语

说到南昌美食，首推南昌炒米粉，南昌米粉历史悠久，主要制作原料是优质晚米，经过浸泡、磨浆、滤干、采浆等多道工序制成，劲道、有嚼头。

做法

1 将猪瘦肉丝加生粉、盐拌匀，腌渍片刻；将红辣椒、生姜分别洗净，切成细丝（图2）。

2 米粉放入沸水中煮至八成熟，捞出，过凉，沥干；黑木耳泡发，洗净（图3）。

3 锅置火上，倒植物油烧至六成热，放入肉丝炒散，然后放入红椒丝、蒜末、姜丝炒香，再加入豆芽、油菜心、黑木耳炒匀（图4～图5）。

4 加酱油，再放入米粉炒熟，加料酒、味精、葱花，即可装盘起锅（图6）。

1

2

3

4

5

6

材料
Ingredients

［主料］

南昌米粉	500克
猪瘦肉丝	100克
黄豆芽	200克
油菜心	50克
黑木耳	10克

［调料］

植物油	10毫升
红辣椒	少许
生粉	1勺
蒜末	5克
生姜	5克
葱花	5克
酱油	5毫升
料酒	5毫升
盐	5克
味精	少许

Delicious Food

爆肚

做法

1 将羊肚洗净，切成宽约0.5厘米的条（图1）。

2 芝麻酱放入碗内，用凉开水调开，加酱油、酱豆腐汁、卤虾油、香菜末、葱花、辣椒油对成味汁（图2）。

3 锅内加清水烧沸，用漏勺将肚条下入沸水中略烫至挺、色发白，捞出装碗，将味汁浇入碗中拌匀即可食用（图3～图4）。

温馨小提示

* 爆肚除肚子要新鲜外，功夫全在“爆”。爆的时间要恰到好处，欠火候或过火候，会出现过生或过熟而不脆，甚至咬不烂。
* 芝麻酱要纯的，不能掺花生酱，否则容易越吃越腻，且遮了芝麻酱的香味。

美食物语

爆肚，老北京不得不提的风味小吃，鲜脆可口，不油不腻，民间还有治胃疾的说法，老北京都好这一口，北京人讲究“吃秋”有“要吃秋，有爆肚”之说。

材料
Ingredients

［主料］

羊肚	500克

［调料］

芝麻酱	30克
酱油	20毫升
酱豆腐汁	适量
卤虾油	1勺
香菜末	10克
葱花	2勺
辣椒油	10毫升

麻花

做法

1 把鸡蛋加入面粉中，再依次加入15毫升植物油、白糖、红糖搅拌均匀，将水慢慢加入，和成面团，面团表面刷一层植物油，盖湿毛巾饧30分钟。

2 将饧好的面团搓成条状，再揪成大约20克一个的小面团。

3 每个小面团分别搓成条，每根刷点油再饧10分钟让面团松弛。

4 把饧好的面用手搓成粗细长短均匀的条状，大约长25厘米，两个一组，并排码放在一起，将面的两头捏紧，左手和右手分别放在两根面条的上下两端，一只手向上搓，另一只手向下搓，搓两三次，两根面条就拧在一起了（图1～图2）。

5 将拧好的面条一端向整条面的1/3处折，另一端向回折，盘成麻花状，再像拧衣服一样稍拧紧一点（图3～图4）。

6 把剩余的植物油倒入锅中，中火加热至四成热，改小火，将麻花坯放入，小火炸大约15分钟至麻花成深褐色即可。

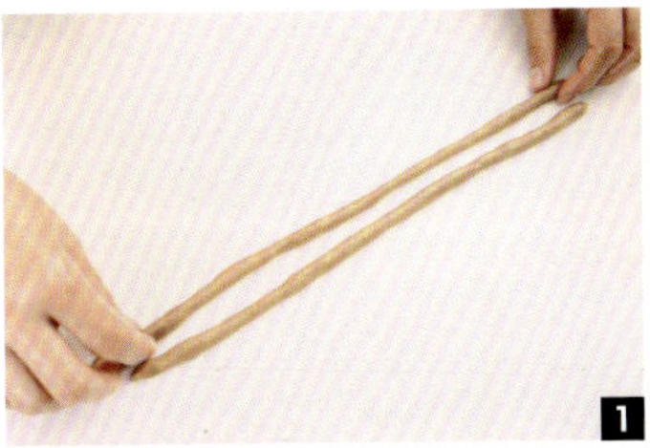

1

2

3

4

温馨小提示

* 面团要分几次饧，这是为了让面团更有韧性，避免盘好的麻花回缩。
* 因为面团里有红糖，所以炸的时候很容易上色，全程都要小火炸，以免上色太深。

美食物语

相传很久以前，河南大营毒蝎横行，人们为了驱蝎，每年阴历二月二，家家户户把和好的面拉成长条，扭作毒蝎尾状，油炸后吃掉，称之为“咬蝎尾”，久而久之，这种“蝎尾”就演变成今天的麻花。河南大营麻花、湖北崇阳小麻花、天津十八街大麻花、山西运城的稷山麻花被誉为“中国四大麻花”，有甜有咸，有脆有绵，各具特色。这里教给大家做的是家常酥脆甜麻花。

材料 Ingredients

面粉	250克
鸡蛋	1个
白糖	40克
红糖	30克
水	80毫升
植物油	450毫升

Delicious Food

荞麦扒糕

做法

1 将荞麦面粉放入容器，将200～250毫升水慢慢倒入面粉中，边倒边搅拌，调成能流动的糊状（图1）。

2 准备一个合适的碗或盘子，涂层植物油防粘，将荞麦面糊倒入，用筷子戳几个孔，放入蒸锅，蒸15～20分钟（图2）。

3 芝麻菜、小萝卜切丝备用；芝麻酱加水调稀；蒜压成泥，加点盐、水拌匀成蒜汁（图3～图4）。

4 蒸好的扒糕取出放凉，切小片状，将芝麻酱、蒜汁、辣椒油、生抽、醋、芥末油、香油加入调味，再加入芝麻菜丝、小萝卜丝拌匀即可。

温馨小提示

* 水加入荞麦粉的时候，要一点点加入，同时不断搅拌。
* 荞麦是有药食两用的健康食物，富含优质蛋白质、膳食纤维和维生素等营养元素，荞麦食品有促进消化、消水肿等药用功效，另外也是防治糖尿病、高血压的最佳食品。
* 荞麦本身没什么味道，主要是靠调味汁来增加风味。

美食物语

扒糕是北方地区的特色小吃，吃的是荞麦面的香和蘸汁的味儿，蘸汁是扒糕的点睛之笔。荞麦养生功效挺多，但不可过量。

材料 Ingredients

［主料］

荞麦面粉	200克

［配料］

小萝卜	2个
芝麻菜	10片（也可以用黄瓜、香菜）

［调料］

芝麻酱	30克
水	30毫升
蒜	10克
盐	1克
辣椒油	10毫升
醋	20毫升
芥末油	1毫升
生抽	5毫升
香油	2毫升
植物油	适量

Delicious Food

黄米粽子

做法

1 将红小豆洗净，浸泡一晚；黄黏米浸泡1小时。

2 将粽子叶用热水烫2分钟，洗干净泡在凉水里备用。

3 烫软的粽子叶剪去根部硬的梗，取1～2张叶子，叠在一起，粗的一端从底部1/3处向上折成漏斗形，注意底部要紧密没有空隙。

4 先放几颗红小豆在底部，防止漏米，再捞一把黄黏米放入漏斗中，再撒点红小豆，依次再来两层，然后将上面多余的粽叶向下折，两端分别向下折向两边，底部多余的粽叶再折向侧面封口，用棉线绑好（图1～图6）。

5 将绑好的粽子放入高压锅，倒入没过粽子的水，上面可以压一块干净的石头或是碗，压住粽子，开火上汽后再改小火煮大约40分钟即可。

6 粽子煮好后，泡在凉水里，吃前剥去粽叶，撒上白糖即可。如果当天吃不完，要装入保鲜袋放入冰箱保存。

美食物语

- 各个地方的饮食特点不同，各地的粽子从材料、口味到包裹方法也都不太一样。黄黏米也叫大黄米，非常有黏性，这种黄黏米粽子在北方地区比较常见。
- 根据粽子叶的大小不同，包裹时大的叶子用一张就够，小的就要两三张拼起来使用；包裹的粽子不能太松，太松容易露馅；也不能太紧，要给煮后膨胀留点余地。
- 高压锅煮粽子能节省时间，如果用普通锅，需要90～120分钟。

材料
Ingredients

黄黏米	500克
红小豆	100克
粽子叶	30张
棉线	少量
白糖	50克

Delicious Food

田艾糍粑

做法

1 将艾草洗净；锅内加水烧沸，加少许食用碱，放入洗净的艾草，不要加锅盖，用中小火保持水微沸，用筷子稍翻动艾草，使其均匀受热（图1）。

2 待叶子煮至青黝黝的，用手掐艾梗，绵软至一捏就断即可关火，将煮好的艾草入凉水中浸泡12小时，漂去苦味（图2）。

3 将艾草挤干水分，入搅拌机搅碎，加入糯米粉、白糖，倒入沸水，边倒边用筷子充分搅拌，待温度降下来后，用专用工具做成圆饼状上笼蒸制约30分钟即可（图3～图8）。

美食物语

自古以来，人们就喜欢吃田艾绒做的田艾糍粑，因为它可以清除体内杂物、尘埃，去腻化积，养身健体。

材料 Ingredients

［主料］

艾草	200克
糯米粉	200克

［调料］

白糖	20克
食用碱	少许

Delicious Food

苏式鲜肉月饼

做法

1 做水皮面团：在面粉中加入糖粉、猪油，边加温水边搅拌，揉成光滑的水皮面团，盖上湿毛巾或放在密封袋里，盖上屉布饧1小时左右。

2 做油酥面皮团：在低筋面粉中加入猪油，混合均匀，搓成表面细腻的油酥皮面团，盖上湿毛巾或放在密封袋里，饧30分钟左右。

材料 Ingredients

［水皮料］

面粉	125克
糖粉	15克
猪油	20克
温水	70毫升

［油酥皮料］

低筋面粉	100克
猪油	50克

［馅料］

猪肉馅	100克
蜂蜜	10克
熟白芝麻	5克
生抽	5毫升
料酒	5毫升
蚝油	10毫升
盐	1克
胡椒粉	少许
葱姜末	各5克
香油	5毫升

［表面装饰材料］

蛋黄液	10克
熟白芝麻	2克

3 做馅：把猪肉馅装入小碗，加入盐、料酒、生抽、胡椒粉、蚝油、蜂蜜，不断地搅拌肉馅至上劲、有黏性，加入葱姜末、熟白芝麻、香油，再次将肉馅搅拌均匀，将拌好的肉馅用勺子分成一个个小球，每个大约15克，放在锡纸或保鲜纸上，放入冰箱冷冻十几分钟备用。

4 将饧好的油酥皮面团分成10～13克一个的小面团，并揉圆，盖湿毛巾饧10分钟左右；将水皮面团分成15～17克一个的小面团，并揉圆，盖湿毛巾饧10分钟左右。

5 把饧好的水皮小面团压扁，包入油酥皮，将收口黏紧，收口朝上压扁，擀成长椭圆形，从一头往里卷成卷，收口朝上折三折；再擀成长椭圆形、卷成卷、折三折，放回湿毛巾保湿饧发，依先后顺序将所有的小面团处理好。

6 面团收口朝上，擀大擀薄，擀成饺子皮状，包入冷冻好的肉馅，将收口处黏紧，并搓圆。一定要按之前处理的先后顺序来，这样能保证每个小面团再次饧的时间比较均匀。

7 将包好馅的面团放入烤盘，在表面刷一层蛋黄液，再撒上一些熟白芝麻，放入烤箱，在200℃的温度下烤20分钟，表面呈金黄色即可。

温馨小提示

* 用买来的猪油，成品硬度更好，颜色更洁白并且无异味。如果买不到的话，就自己炼些猪板油吧。
* 普通面粉就可以做中式点心，因为面粉的品牌和品种不同，吸水性也稍有不同，水量可以有5%幅度的增减。
* 猪油放入冰箱冷藏一会儿再跟面粉等材料混合，利于起酥层。
* 肉馅分成小团冷冻是为了让其定型，包裹时更容易，包裹前要蘸薄薄的一层干面粉，否则很容易跟皮分离。
* 第一次做酥皮类点心时，不要贪多，这个分量就可以了，可以做十个左右。做多了，延长了总的操作时间，面皮容易发干起裂纹，所以要尽快操作，每个步骤的小面团都要盖湿毛巾保湿，逐一取出处理。

Delicious Food

萝卜糕

做法

1 将白萝卜洗净，去皮，刨成细丝，加2克盐腌渍10分钟，将萝卜汁挤出备用（图1）。

2 将海米泡软；腊肠切丁；洋葱切末；香菜切段。

3 将黏米粉加入水和萝卜汁，拌匀成浆状。

4 炒锅内倒入植物油，加入洋葱末炒出香味，然后下入腊肠丁煸炒均匀，再加入萝卜丝、海米翻炒均匀，再加入蚝油、胡椒粉、白糖和剩下的2克盐调味（图2）。

5 关火后放凉，将菜倒入粉浆中，拌成稠面糊；模具刷一层油，倒入面糊，撒上香菜，上锅蒸15分钟左右（图3～图5）。

6 煎锅内倒入10毫升植物油，将蒸好的饼取出切块，放入煎锅中煎至两面金黄即可（图6）。

温馨小提示

* 粉浆和菜料倒入模具的时候不要太满，蒸的时候会稍稍膨胀一些。
* 粘米粉是用粳米磨制而成，黏性小，适合做组织较为松散的面点。

美食物语

萝卜糕在潮汕地区又叫“菜头粿”，取其好“彩头”的谐音，也有步步高升、节节高的意思，是过年时最应季又最讨喜的广式小吃。

材料 Ingredients

［主料］

黏米粉	100克
水	190毫升
白萝卜	200克
腊肠	30克
海米	5克
洋葱	50克

［调料］

白糖	2克
盐	4克
胡椒粉	少许
蚝油	10毫升
香菜	10克
植物油	20毫升

Delicious Food

蚝仔煎

做法

1 蚝肉清洗干净，放入开水中焯烫10秒钟，捞出沥干倒入淀粉中，用手将淀粉和蚝肉抓匀（图1）。

2 面粉中加入盐、胡椒粉和鸡精拌匀，然后加入10毫升的水搅拌均匀，再加入鸡蛋液，搅打成面糊（图2）。

3 将青蒜末和香葱末放入面糊中，再滴入香油拌匀。

4 锅里倒入植物油，先加入蘸满淀粉的蚝肉，均匀地推散成圆饼状并煎制成形，然后将鸡蛋面糊均匀地淋入锅中，盖住蚝肉成饼状，小火煎 1 分钟至表面金黄，翻面再煎另一面（图3）。

5 将所有的蘸料混合，煎好的蚝肉鸡蛋饼切块、蘸食即可（图4）。

1

2

3

4

温馨小提示

* “蚝仔”是闽南的叫法，北方通常叫“牡蛎”“海蛎子”，如果能买到新鲜的味道更鲜美。
* 除了蚝仔煎，还可以如法炮制蛤仔（蛤蜊）煎。

材料
Ingredients

[主料]

蚝肉 1袋（带水约600克）

淀粉	50克
鸡蛋	2个

[调料]

面粉	10克
盐	2克
胡椒粉	少许
鸡精	少许
青蒜末	50克
香葱末	5克
香油	2毫升
植物油	30毫升

[蘸料]

蒜蓉辣酱	15克
蚝油	5毫升
生抽	5毫升
白糖	2克
鱼露	1毫升
香菜末	5克

Delicious Food

炸松肉

做法

1 土豆切成大块煮熟，捞出去皮，按压成泥状；鸡蛋打散成蛋液。

2 牛肉馅中加入姜末、老抽拌匀后加料酒、土豆泥、淀粉、鸡蛋液、盐、葱末拌匀成馅料（图1）。

3 将油豆皮铺在台面上，把拌好的馅料涂抹在油豆皮1/2的位置上，将另一半油豆皮盖在肉馅上，用刀拍打肉馅，使肉馅更紧（图2～图5）。

4 用刀将裹好油豆皮的肉馅剁成相等的四条，然后再剁成小长条形的块即成松肉（图6～图7）。

5 锅中倒入植物油大火加热，把松肉放在油锅里炸至油豆皮变脆，色变深即可（图8）。

1

2

3

4

5

6

7

8

美食物语

- 炸松肉是回族家庭过年过节不能少的一道小吃。
- 肉馅里也可以加入少量的咯吱或者豆腐，口感很特别。

材料
Ingredients

[主料]

牛肉馅	300克
土豆	200克
油豆皮	1张

[调料]

葱末	15克
姜末	5克
老抽	150毫升
料酒	15毫升
淀粉	10克
鸡蛋	1个
盐	4克
植物油	350毫升

Delicious Food

炒米条

做法

1 将洋葱和青椒切丝；西葫芦切片；米条切两半（图1）。

2 用小锅将水煮沸，加入米条煮2分钟左右至米条膨胀变软，中间要搅拌几次防止粘连，捞出备用（图2）。

3 将韩式辣椒酱放入小碗，用米条汤稀释搅拌均匀（图3）。

4 平底锅加点植物油，烧热后放入配料煸炒出香味，加入米条炒匀，再加入稀释好的辣椒酱、牛肉粉、盐和白糖翻炒均匀，小火煮至汤汁收浓，撒上熟白芝麻即可（图4～图6）。

美食物语

米条就是年糕，是朝鲜族的特色小吃，也是韩国家常主食之一，配上鲜红甜辣的韩式辣酱，跟我们常吃的粘白糖的黄色炸年糕滋味不一样。

1

2

3

4

5

6

材料 Ingredients

[主料]	
米条	150克
[配料]	
洋葱	50克
青椒	50克
西葫芦	80克
[调料]	
韩式辣椒酱	30克
植物油	15毫升
白糖	3克
盐	2克
牛肉粉	3克
熟白芝麻	3克

温馨小提示

* 米条就是细条状的年糕。
* 韩式辣椒酱味道偏甜，辣味也不算太重。

Delicious Food

山东麻酱焖子

做法

1 将红薯淀粉和盐混合均匀，一点点加入约460毫升水，搅拌均匀，倒入锅中小火加热，不断搅拌，待淀粉糊中出现一些絮状的凝结物时，再继续搅拌，至整个淀粉糊都凝胶、浓稠并变得透明，呈青绿色即关火（图1～图2）。

2 在碗里涂抹点植物油防粘，然后将淀粉糊倒入，稍稍抹平，放入冰箱凝固成焖子（图3）。

3 芝麻酱用水一点点澥开成酱汁，然后加入蒜蓉、鲜贝露、盐、虾油、醋和香油混合成味汁（图4）。

4 取出凝固的焖子，扣出切成2厘米的方块；锅中倒入植物油，烧至五成热时放入焖子块，先小火慢慢煎至四面变色，然后改大火再煎2分钟左右至表面金黄，出锅后倒入味汁，搅拌均匀即可（图5～图6）。

美食物语

焖子是北方的小吃，很多地方都有，做法也不尽相同，这种是烟台、大连的做法，类似凉粉的淀粉小吃，跟凉粉不同之处是油煎后食用。烟台“三鲜焖子”也是这种做法，配上了更奢华的海鲜，更上了一个档次，在2001年被评为“中华名小吃”。

材料 Ingredients

［主料］

红薯淀粉	100克
盐	1克

［调料］

植物油	20毫升
芝麻酱	30克
蒜蓉	10克
盐	2克
生抽	10毫升
鲜贝露	5毫升
虾油	1毫升
醋	5毫升
香油	2毫升

Delicious Food

黑椒蜂蜜猪肉脯

做法

1 猪瘦肉馅用刀再细剁一遍，让肉馅更有黏性，依次加入所有馅料，顺着一个方向搅拌起劲，腌半小时左右（图1）。

2 将肉馅分装在3个保鲜袋中，隔着保鲜袋将肉馅擀成厚约0.4厘米的薄片（图2～图3），放入冰箱冷冻1小时至变硬。

3 烤箱预热150℃，烤盘垫不粘油纸，在纸上刷一层植物油，将冻好的肉片撕去保鲜膜放在纸上（图4），在肉片表面刷蜂蜜（图5），撒些白芝麻，放入烤箱中层，烘烤15分钟左右，将肉片翻面，再刷上蜂蜜、撒些白芝麻，继续烘烤约10分钟至肉片变干。

4 肉片烤好后取出放凉切块即可（图6）。

1

2

3

4

5

6

温馨小提示

* 猪后腿肉的肉质最好，偏瘦的烘烤时不容易出油。
* 烘烤肉脯时中途会出水，所以一定要用烤盘，不要用烤网，另外出水多时可将烤盘取出倒出水继续烘烤，比较省时。

美食物语

肉脯在中国有三千多年的历史啦！北魏的《齐民要术》上有一章《脯腊》，专门介绍肉脯的制作及品种。可见品尝肉脯不光是解馋，也是与历史的亲密接触。

材料
Ingredients

［主料］

猪瘦肉馅	400克

［馅料］

黑胡椒	1克
盐	4克
白糖	5克
料酒	15毫升
酱油	15毫升
鱼露	15毫升
蚝油	15毫升
白芝麻	5克

［刷料］

蜂蜜	10克
白芝麻	10克
植物油	适量

Delicious Food

麻辣牛肉干

做法

1 把牛肉切成5厘米长，0.5厘米厚的条状（图1），用清水泡1小时后反复冲洗几遍；葱切片，姜切丝；干辣椒剪短。

2 将牛肉条的水分挤干，加料酒、葱片、姜丝、白胡椒粉，拌匀腌渍30分钟（图2）。

3 油锅烧至五成热，放入干辣椒段和花椒粒小火煸香，倒入腌好的牛肉条，中火翻炒，炒出大量水分后将水倒掉，再将牛肉条倒入锅中，依次放入冰糖、生抽、老抽、料酒，用小火炒肉条约15分钟，待水分完全耗干，加入盐、辣椒粉、五香粉，撒熟白芝麻和味精拌匀（图3～图5）。

4 将牛肉条倒入烤盘，烤箱预热到100℃，烤20分钟即可（图6）。

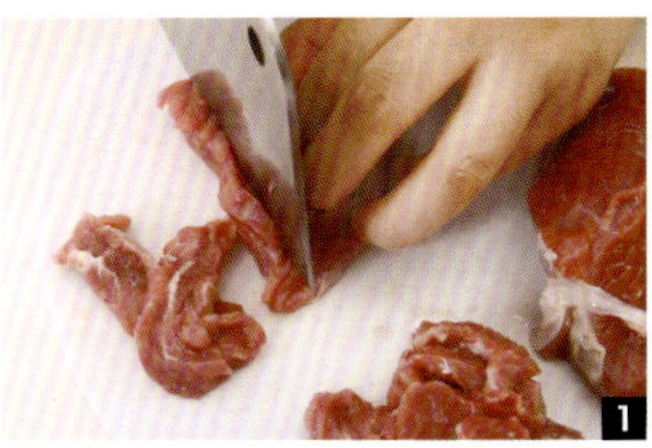
1

2

3

4

5

6

温馨小提示

* 牛肉最好选用不带筋膜的瘦肉。
* 牛肉切片后放入清水中浸泡，是为了充分去除血水和肉腥味。
* 因为炒制的时间比较长，用不粘锅的效果比较好。

美食物语

麻辣牛肉干是有次录美食节目跟一位四川阿姨学的，好吃到停不了口。

材料 Ingredients

[主料]	
牛肉	600克
[腌肉料]	
料酒	30毫升
葱	30克
姜	10克
白胡椒粉	1克
[调料]	
花椒	20粒
干辣椒	5根
冰糖	15克
料酒	10毫升
生抽	15毫升
老抽	15毫升
盐	4克
辣椒粉	2克
五香粉	1克
味精	1克
熟白芝麻	10克
植物油	30毫升

沿街尝，回家做：
街边小吃炮制全攻略

乐悠生活
LEYOU LIFE

菜品造型	国　明　马桂茹　尹　娜　商　嵘
面点制作	王晓丽　李　娟　刘　颖　任媛媛
菜品摄影	刘　飞　范姝岑　肖　亮
协助拍摄	FOOD FOOD 映象工作室
	大麦文化传播有限公司
鸣　　谢	文怡美食生活馆 http://shop59622791.taobao.com/